图书在版编目（CIP）数据

声誉为王：创造信任的联结 /（英）马丁·纽曼等著 . -- 北京：中信出版社，2019.4
ISBN 978-7-5086-9904-2

I. ①声… II. ①马… III. ①企业管理 IV. ① F272

中国版本图书馆 CIP 数据核字（2019）第 004797 号

声誉为王——创造信任的联结

著　　者：[英] 马丁·纽曼（Martin Newman）[英] 克里斯·福克斯（Chris Fox）[日] 菊地彰夫 [中] 郑燕
出版发行：中信出版集团股份有限公司
（北京市朝阳区惠新东街甲 4 号富盛大厦 2 座　邮编　100029）
承 印 者：北京楠萍印刷有限公司

开　　本：880mm × 1230mm　1/32　　印　　张：8　　字　　数：123 千字
版　　次：2019 年 4 月第 1 版　　印　　次：2019 年 4 月第 1 次印刷
广告经营许可证：京朝工商广字第 8087 号
书　　号：ISBN 978-7-5086-9904-2
定　　价：58.00 元

目录

推荐序一

2017年我获赠了马丁·纽曼与郑燕合著的新书《演讲的本质》，书中用很多精彩的实例阐述了作者的初心——“让你的思想更有影响力”。为此，国际顶级演讲导师马丁·纽曼先生在书的自序中写道：“这一切都只是为了建立信任，否则传达你的思想可以有多种途径。”“影响力”“信任”这两个关键词让我对这本书产生了浓厚的兴趣。因为站在行业的角度看，“建立信任”和“创造影响力”不正是公关从业者的使命吗？

2018年秋天，当郑燕这本《声誉为王——创造信任的联结》的书稿送到我手上时，国内外媒体正热传着近期发生的几件企业界的大事。特斯拉创始人兼首席执行官埃隆·马斯克，由于发布了一条有争议的推特信息而付出了惨重的代价，结果是被迫辞去董事长职务，被罚4 000万美元，公司股价下跌近3%。

同一时期，国内著名的餐饮企业海底捞，在遭遇厨房发现老鼠被媒体曝光的危机后，做出了快速反应，其负责人“这锅我背，这错我改，员工我养”的态度，得到了公众的理解，维护了企业声誉，终于在9月26日登陆香港资本市场，开盘价每股18.8港元，较发行价每股 17.8 港元涨了 5.62%。

这些企业负责人作为精神领袖，习惯被认为代表着自己企业的文化和价值观，他们的所作所为形成的口碑与企业的声誉直接相关，而企业的声誉又与企业的生存发展如影随形。

口碑、声誉（上市公司用“商誉”）对于一个组织来说太重要了。口碑（opinion、word of mouth）是公众对个体或组织的认可程度，包括印象和声望。中国古代有言“劝君不用镌顽石，路上行人口似碑”；国外则有“A good name is better than riches”（声誉胜过财富）。可见，对于一家企业来说，好口碑即声誉，是一笔巨大的财富。国际上，著名品牌评价机构品牌财经（Brand Finance）制定的国际公认的品牌评估标准 ISO 10668 中，定义的品牌资产就包括品牌在客户、员工和其他利益相关者中所累积的商誉，以及对企业业绩的影响。中国国家统计信息中心大数据实验室每年一度的对各行业品牌的调查报告，也把企业的美誉度、消费者认可度放在重要的位置上。回顾以往，从现代公共关系诞生起，职业的公关人就一直在追求如何用专业的管理为自己的客户维护和提升声誉。

进入 21 世纪，经济社会两个重大的变化导致人们对声誉管理更加另眼看待：一个是全球化的浪潮，另一个是互联网的发展，尤其是基于 Web2.0 网络技术产生的社会化媒体的发展，让世界更加扁平，信息沟通更加顺畅。一家跨国公司在欧洲市场得了“感冒”，亚洲市场就会立即“打喷嚏”。

中国市场经济体制的建立，使企业之间出现了品牌竞争。从改革开放前的计划经济到现今的市场经济，企业的运营生产从只对政府计划负责的状态一下子转变成要对市场负责，要对消费者和公众负责。在信息爆炸、产品同质化的趋势下，随着市场意识的增强，品牌竞争最终已成为各种竞争模式的最高形式。这在中国政府提出市场在资源配置中由改革初期的基础性作用上升到决定性作用后，就显得更加重要了。

要做好声誉管理，初心的坚守、经验的积累缺一不可，但当下最重要的还是要有与时俱进的专业方法。这本书给了从业者很好的专业参考。我认为，本书有三个特色：第一，强调了要构建声誉管理体系，声誉管理所要建立的生态是一个闭环系统，从制定预期目标到输出结果，中间还要通过反馈不断修正偏差，这就不是像有些管理咨询只是出出点子而已；第二，书中提出了 3D 声誉管理方法，即从经营、品牌、产品三个维度出发，设计议题，做好与利益相关者的多方对话，变被动防御为主动进攻；第三，在所设计的 3D 金字塔中，根基放在了经营者或战略管理层，这也恰好可以解决相当一部分公关公司在为客户设计方案中普遍感到的困惑，即为什么自己的方案总是不符合企业经营者的要求呢？因为我们的对话方常常是“内部的”（in-house），而不是经营者本身。

以社会化媒体为代表的众多新传播载体和新技术，已经使我们眼花缭乱，不少从业者在对新媒体应接不暇的同时，忘记了自己的专业从哪里来，“公众必须被告知真相”等警句已经不知是出自何处了。还有一些公关人员则固守着传统的方法不思改变，无视也无奈于新技术、新规则和新的传播方法，只能在低矮的灌木丛中徘徊。岂不知，当我们正在被动或被迫面对新媒体时，第四次工业革命的大潮已经扑面而来。因此，为这本书写这篇推荐序的另一个目的，就是希望同事们勇于拥抱新事物，不断创新思维，提升方法，紧跟时代步伐。

2008 年 11 月，在北京人民大会堂召开的世界公关大会（IPRA World Congress）是全球公关界的一次“奥林匹克”。以日本电通公关为主的日本公关业代表是各参会国代表团人数最多的，当时郑燕是代表团的成员兼随团翻译。那时正好也是深秋时节，秋去冬来 11 年时间，我目睹电通公关在中国的不断发展，也不时收到一些企业客户对其工作的好评。客户中既有汽车生产商这样的制造业公司，也有像 36 氪这种年轻的公司，从这方面也可以看出电通公关既有坚守又有创新，其中作为公司掌门人的郑燕功不可没。

郑砚农

中央财经大学新传播研究中心名誉主任

国务院发展研究中心国际技术经济研究所、

世界发展研究所原秘书长、研究员

大道之行，讲信修睦

我和电通公关的郑燕女士已经相识十来年了，她可以说是我的良师益友。比认识郑燕女士时间更长的是我非常崇敬的老前辈鹤间先生。可以说，我的很多公关方面的知识以及相关理论体系的建立都得益于两位的帮助。

2001 年，我开始了企业与消费者关系的研究。企业与消费者关系的站位是企业的领导者，核心在于策略和管理，机理是通过对关键接触点的改进，降低顾客的非正常流失率。我的研究与公关领域的关联度很高，特别是在企业危机的防范与处置方面。

中国的消费市场历经数十年的飞速发展，无论是体量规模、消费理念还是模式创新等方面都处于全球领先地位。而且，可以说中国的消费市场和消费者自成一派，企业危机的防范和处置难以套用其他国家和地区的市场理论与经验。当前中国消费市场的竞争异常激烈，危机发生频次加快，这些都在倒逼中国公关行业的快速成长。

但令人遗憾的是，很多公关公司的快速成长都成了揠苗助长。中国公关行业的危机应对走入了两大误区。其一是泛化危机，就是把一些小的负面报道都作为危机来应对。其实，危机的正确定义是：企业在商业模式、产品制成、原料采购、服务提供、标准防护等方面存在的结构性缺陷被重击而引发的系统性风险。其二是不当处置，就是重媒介轻源头，道歉多措施少，防范机制与提前介入更少人问津。其实，危机的防范机制就是弥补结构性缺陷，如果做不到就要设防火墙。危机的提前介入就是“排雷”。而危机处置的核心就是从源头上缩小涉及面，降低事件的严重性。

整体焦虑的社会中，会出现很多急功近利的做法，但这不是解决问题的正确做法。无论是危机应对还是公关理念，都应该讲求“道”而非“术”，所谓“大道之行，讲信修睦”。在这方面，3D 声誉管理可以说是行大道的典范。

唐健盛

上海市消费者权益保护委员会副秘书长、长宁区政协委员

一个男人和三个女人的故事

电通公关 CEO 郑燕[1]

一男：出差被临时插播的面试

2017 年夏天的一天，我正在上海出差，收到人力资源部负责人的微信："有个在上海的台湾应聘者，你一定要见见。"她还强调："他在大陆公司两年就被破格提拔为总监，业务内容偏社交媒体方向，执行和管理能力应该都不错。而且，他曾经还是创作型歌手，英文好，会一点日文，有想法有创意，爱旅行，关键是有包容心有大爱，你应该会喜欢的。"很少见她这么夸赞面试的人，"好，那明早见见。"我回复她。

第二天早上，在花园饭店的行政酒廊，我见到了这个来自中

① 郑燕在书中也称为 Myco，CEO 即首席执行官。——编者注

国台湾的男生 M。略微交谈后我了解到，他出生在牧师家庭，很喜欢日本。我们天南海北地聊了很多与工作无关的话题，时间很快过去 45 分钟，起身，道别。上车后，我微信回复人力资源部负责人："是个有爱心、有格局的人，懂营销沟通和创意，学习和适应能力也不错，聊得很开心。招吧。"

"1·18 生日派对"抖肩舞，10 万+的阅读量

2018 年 1 月是 M 在北京在岗培训（On the Job Training，OJT）的第三个月，1 月 18 日是公司更名和重生的第三个生日。说是生日其实是为了祝愿，易记易宣传，2016 年 1 月 18 日我确定了这天为公司重生日。2018 年，我们借用启皓社区董事会成员的虚拟身份，和社区负责人商量好，在一层大堂和邻居一起庆生，联结社群，举办快闪 + 吃蛋糕 + 主题沙龙活动。具体活动和传播就由 M 等负责。

结果超出我的期待！《做公关太苦？ 4A 员工于上班时间纷纷抖起了肩膀……》这篇微信文章，在微信公众号"公关界的 007"上第一个小时的阅读量就突破了 4 万 +，这篇文章总阅读量加转发超过了 10 万。

一个公关公司自己的活动能有这么高的关注度，实在是太出乎我的意料了。当然，如果运用互动营销手法，结合有效传播平台，点击达到上百万次的文章大有所在。关键是这篇文章理解了"1·18 生日派对"的意义，打造了同事回家愿意和家人聊的话题。

这篇文章我看过无数遍，每次都会不由自主地嘴角上扬。现在每逢被人问到我们公司是做什么的，我都会把这篇文章发给对方看：“我们就是这样的公司呀！”对方都会连连赞叹道：“这么有活力、有创意的团队！羡慕！”

突然的离职要求，花园饭店再相见

“1·18 生日派对”后不久，M 就回上海工作了。结果不到两个月我就听说他提出了离职。我去上海出差时约了他晚上见面，还是在花园饭店。为了让气氛不那么严肃，我点了杯红酒，他要了杯啤酒。他似乎考虑了很久，迟疑地开口说，离职不怪任何人，领导和同事都对他很好，客户的要求也可以理解，只是觉得自己能力不足，拖累了大家。加上孩子刚出生不久，台湾家里又出了一些状况，所以想先回台湾再说。

细问之下，他才说负责的客户出了负面信息需要紧急应对，他不了解大陆媒体环境，也没太多经验，而客户的需求又随时都在变化，实在应付不来，一起工作的“90 后”小伙伴每天都像写稿机器一样，完全没有成就感……我能感受到他的内疚、自责和深深的无力感。

我不想让他带着这样的心情离开，我很抱歉没有把他放在最合适的位置，建议他先回台湾休整一下，其他的事情放一放。但是我相信这个平台是可以让他发挥更大价值的。目前，他还在电通公关，并且和很多优秀、战斗在一线的同事一起参与了本书的写作。

女一：办公室里的生日派对

2017年底，有一次我去上海出差，跟我同去的阿M正巧生日，于是前一天晚上，我给要参会的三位老总分别留言，“明天是阿M生日，开完会您要是能祝她生日快乐，她会很开心的”。

傍晚开会还是在总裁贵宾室，阿M照常身穿西服套装，麻利地打开电脑。最少一个月就会向总裁汇报一次，她早已轻车熟路。

还差几分钟开会，大老板笑着走了进来：“今天是阿M生日，来，吃蛋糕。”秘书随即端进来一个蛋糕，阿M和其他人都有点不知所措，会议室的铁律不允许在此吃喝。

“今天破例。”大老板好像洞察了一切。阿M站起身，吹灭蜡烛，大家一起为阿M唱起了生日歌，脸上洋溢着喜悦。

到2018年底，阿M和团队已经为客户服务三年了，又帮客户签了两个国家级三年合作项目。客户对我说：“拜托你，让电通公关的这支团队最少再服务三年。”

女二：睡在公司的女汉子

小V是优等生，好学肯干，脾气还特别好，是我见过的最吃苦耐劳的“80后”。

四年前公司重组，她跟我到了还充满未知数的新公司。在最艰难的时候，是小 V 与我同甘苦共患难。她不光要带业务，还要负责公司搬家，没有她这些就不可能顺利完成。任何任务交给她，我都很放心，帮忙的助理苦笑着说：“小 V 总能一眼挑出毛病。”

危机应对她总能第一时间跟进，应对过很多大的危机。从业 14 年，她虽然不会日语，但处理了很多日本客户的危机，接触过她的高管对她很信任。细心又豪爽，用心又大胆，看似矛盾的性格，她也能平衡得很好。

有个国际客户，别的代理公司每年都要竞标，而小 V 带的团队已经连续为这个客户服务九年了，不需要通过竞标续约。电通公关的核心客户大多合作超过五年的，或多或少她都参与过，也是和我共同奋战九年的三位战友之一。

女三：思维导图，画着画着愿望就实现了

初次见面，F 像个胖胖的大刺猬。她负责媒体沟通，对我这个业务副总的需求她根本就爱答不理。有一次，我请她帮忙邀请媒体，她隔着眼镜，白眼向上一翻：“先写 Brief（简报）。”我耐着性子写了邮件说明客户的重要性。她没多说，邀请了媒体，而且活动进行得很顺利。

危机应对曾是她的日常工作，有一年的中国十大危机事件中，她处理了两件。她常自嘲道：“我就是救火队员。”但她也不甘于只做媒介，不愿意天天被动处理负面事件，天天睡不好觉。2015

年我提出做声誉管理，她主动要求学习。之后近 90 周的时间内，要么周一我为经管会成员讲解，她周三给小伙伴分享，要么她用思维导图记录。她的记录成了本书重要的信息源。

2018 年 3 月她带队成功完成人大代表的 MYimpact（国际商务领袖影响力培训），4—7 月，她联合集团大学做了北上广三地的 3D[①] 声誉管理集训营，协助我把培训从“副业”变成“正业”。公司成立 8 周年时，我宣布设立培训部，作为首任部长，听到她发言说要把培训当作使命做时，我的眼角有些湿润。

我们为什么要写这本书

2015 年夏天，公司重组，“联结世界，成就你我”成为公司的愿景。写出这八个字很简单，但是我思考了五年，公关到底是什么？我想打造一支什么样的团队？为什么我们可以互相成就？以上一男三女都是我的同事。三女是我在国内共事时间最长的三个女汉子；一男是新加入的，想帮助更多客户做好声誉。如果他不能成长，那我们还怎么“联结世界，成就你我”呢？

通过这本书，我们希望能够帮助公关行业的从业者找到继续奋进的希望和力量，同时也希望能够帮助那些对营销圈感兴趣，特别是对品牌塑造、品牌经营和声誉建设有需要的人，给他们提供一个新的方向——从经营视角出发的声誉管理以及电通公关独有的 3D

① 3D 源于 Design（设计诊断方法 / 议题）、Dialogues（企业与利益相关者之间的多方对话）、Defense（防御危机）三个单词的首字母。电通公关认为，3D 还有其他解读方式。——编者注

声誉管理模型和实践成果。

3D声誉管理模型来源于电通公关对公关未来的思考以及声誉管理的实践。不同于以往业内惯常看到的传播方法和传播模型，3D声誉管理模型从长期经营声誉的角度，依经营、品牌、产品三个层面为客户塑造声誉体系，以主动管理代替被动应对，通过对话经营者、攻守并进与声誉管理的PDCA[①]，精准解决企业声誉建设与管理的实际问题。

我们首先邀请了国际顶级声誉管理专家参与写作：

马丁·纽曼（Martin Newman）——MYimpact品牌联合创始人，具有近30年的国际品牌沟通策略顾问及领袖个人影响力培训经验。他拥有指导伦敦、索契、东京等城市申奥、提升领导者演讲能力的经验，曾任众多国际政要及跨国企业家的演讲导师，帮助他们塑造更好的影响力。

克里斯·福克斯（Chris Fox）——在企业沟通传播领域从业多年，拥有30年石油、核能、食品和工程领域的工作经验。在此期间，他设立了新的沟通传播部门，组织了全新的沟通传播团队，成功处理过一些极其复杂的金融和危机沟通难题。他擅长媒介管理、金融方面以及内部沟通传播，曾在三家富时指数排名前100的

---

① PDCA循环是美国质量管理专家休哈特博士首先提出的，由戴明采纳、宣传，获得普及，所以又称戴明环。全面质量管理的思想基础和方法依据就是PDCA循环。PDCA循环的含义是将质量管理分为四个阶段，即计划（Plan）、执行（Do）、检查（Check）、处理（Act）。在质量管理活动中，要求各项工作按照做出计划、计划实施、检查实施效果这一流程进行，然后将成功的纳入标准，不成功的留待下一循环去解决。——编者注

公司的高管团队中任职。2017 年，他与一系列客户建立了 Vulpes 咨询公司。克里斯 · 福克斯在 2014 年被授予对专业领域做出杰出贡献的贵族称号，获得英国上议院“福克斯勋爵”席位。

菊地彰夫——日本电通公关原常务董事，有着 40 年企业经营咨询相关经验，为众多日本企业及国际企业提供专业公关服务。他专注并擅长企业经营战略咨询、市场调研、危机管理、企业并购（M&A）、企业法务等与经营相关的 PR（公共关系）咨询业务。

我们希望这些专家可以为读者打开声誉管理的大门，呈现全球范围内声誉管理的经验、现状和案例，以国际视角特别是丰田等全球顶尖企业的经验，了解声誉管理的意义和实施经验。

其他大部分内容由战斗在声誉管理第一线的电通公关核心团队及顾问执笔，在不涉及客户保密信息的范围内，探讨了 3D 声誉管理在实践中的落地经验及课题，为本书贡献了符合中国国情的方法论及实战案例。

本书概要：面对不确定的未来，更需要变被动的公关应对为主动的声誉管理

2018 年底，全球经济唱衰论盛行，不少公司出现裁员，“活下去”成了热议话题。

有客户说：“守着该做的事，关起门来过冬。”“还没看到怎么赚钱，谈什么声誉。”“销售，除了带动销售的方案，其他不要。”

也有客户说，“做生意是长线，不能只关注眼前的利益”。

参加过我们沙龙的媒体专家都会说："专业、温暖，又有活力。尤其是周围人都很焦虑的时候，在你们这看到了希望和信心。"

2015 年我提出用三年时间聚焦打造声誉管理的核心竞争力时，几乎没人响应。2018 年的"1·18 生日派对"上，我听到大家主动提及想要为客户做长期的声誉管理，建立和巩固信任的联结，不止一家企业邀请我去给它们的全球高管做培训。国外的声誉会影响国内的生意，反之亦然。

还没想好怎么活下去的企业，是否需要建设品牌及其声誉？这没有绝对的答案。作为一名企业家，我深感肩上的责任重大。为了让企业家不受杂音干扰，专注于经营，我们摸索研发了 dongme（人工智能舆情管理系统）。"让老板在床上和车上更安心"这句话来自我的切身感受，来自对使用对象、场景和目的的准确定位。

对于受负面舆论干扰而身心俱疲的企业家，大多时候我会劝他们先停下来做一天工作坊（workshop），加入"外脑"，重新思考经营和声誉的关系。如果目标不明确，企业看到负面信息就处理，对品牌和公关公司来说未必是好事。

充满不确定的时期，企业更需要从长期经营的角度思考声誉管理，每一次关键沟通都要找对人，说对话。我们不能代替企业家做经营决策，但可以帮助他们在沟通领域，做好主动防御。

不光中国企业面临的声誉环境复杂，随着全球化的发展，跨国企业也加速了组织架构的调整，以提高对内对外的沟通效率。2018年11月，丰田宣布董事会成员减半，把作为智囊团的调查部、广告部和涉外部门合并。在充满不确定性的时代，怎么能迅速掌握真实的信息，帮助经营者做出正确的决策，并有效地对内外沟通，上升到了经营课题的级别。打造风靡世界的“即时”（Just in time）生产模式的丰田，在对内外沟通的布局上值得我们关注和学习。

我尊重的日本前辈也说，最近大企业高层来咨询的很多，但他很“孤独”，遗憾没多带出几个徒弟。他常说：“跟某国中央情报局也打过交道，不能说得太多，很多秘密要带进坟墓了。”借鉴国际前辈们的智慧，我们不断在经营和沟通领域中摸索，试图把公关变成“手脑并用、攻守并进”的声誉管理。我们也借鉴美国咨询公司的流程体系化，配合日本电通公关近 60 年的实战经验，希望让更多有公关理想的人能更快掌握适合中国国情的声誉管理。

第一章，我们带领大家从国际视野的高度出发，了解声誉管理的重要性和国际上多年来积累的宝贵经验。

第二章，我们将全面深入介绍 3D 声誉管理模型的概念、3D 声誉管理方法论、3D 声誉管理的实施，并通过 3D 声誉管理的实战案例，深入浅出地帮助读者快速了解电通公关在 3D 声誉管理上的经验。

第三章，我们结合实际案例，着重讨论企业高管、明星人物在声誉管理方面的需求。

第四章，我们将和读者一起探讨声誉管理的未来。

无论对个人，还是对公司都一样，在全球化的信息潮流中，必须保持清醒的判断，这是每个决策者都必须面对的课题。电通公关期待和你一起，联结世界，成就你我。

第一章

通往卓越还是深陷泥潭？

声誉，是我们耳熟能详的概念，中国自古就有重视名节的传统。声誉，对于我们来说又是陌生的。改革开放 40 多年来，在中国的市场营销领域，高举品牌大旗者众，却鲜有将声誉建设、声誉管理作为核心战略的企业和组织。

国际上，声誉构建和声誉管理已经形成完备的体系，也积累了众多案例与经验。本章作为本书的开篇，将从国际视角出发，介绍国际市场对声誉的理解、声誉的重要性以及在声誉管理上积累的宝贵经验。

本章要点

本章从国际视角出发，以理论、方法与案例相结合的形式，深入阐述全球范围内声誉管理的方法和关键要素。

本章由国际知名声誉管理专家克里斯·福克斯和菊地彰夫执笔。克里斯·福克斯将从全球范围内选取部分经典案例，阐述声誉管理的概念与意义；菊地彰夫则以世界汽车巨头丰田等为案例，深入解读声誉对企业经营的长远影响。

企业声誉：通往卓越的许可证

企业声誉正为商界领袖所关注

对于生产快速消费品的企业，企业声誉和企业品牌的概念是可以互换的。这些企业的品牌代表着企业，反映了组织的价值观和行为。同样的道理也适用于其他企业，声誉的好坏决定了其成功的难易程度，以及企业能否长久发展。声誉管理是在“缩小目标形象与现实之间的差距”。声誉管理是先设想企业应该如何被感知，然后将业务中的每一项活动调整到与这个感知相符，确保它们有利于企业目标的实现。建立良好的企业声誉没有什么神奇之处，跟其他所有的商业活动一样。管理企业声誉需要结合心理学和社会学知识，成功管理声誉的企业往往将获得通往卓越的许可证。

企业声誉正越来越受到商界领袖的关注。这种重视催生了一系列由企业和组织开展的活动和服务，这些活动和服务通常由各种声誉管理顾问和咨询师提供和实施。声誉管理也跟我们的日常生活相关联。我们每个人都关心周围的人如何看待我们，大多数人也都通过对自身行为的管理和调节来实现我们的日常目标。对于大公司和跨国公司来说，这并没有什么不同，只是有时它们面对的情况更复杂。

企业声誉的定义与重要性

英国《金融时报》将企业声誉定义为：观察人士根据对企业长期存在的财务、社会和环境影响的评估，对企业做出的整体判断。这项评估不仅基于企业当前的行为，也基于其历史表现。在过去20年左右的时间里，大型企业的声誉不断被评估，并形成了排行榜。

这些排名的方法和标准各不相同，甚至已超出英国《金融时报》的定义，考量的维度也包括创新、质量管理、人事管理、财务健康、社会责任、产品、服务质量和全球竞争力等。

我们将在后面讨论这些标准。其实对声誉进行分析本来就不是一门精确的科学，不同的方法会产生不同的答案。不过可以肯定的是，在一个信息以光速传播的世界里，一个企业如果“跑偏”太多，很可能会在几分钟内就失去声誉。多年精心经营的企业声誉受损乃至丧失，有时是无法挽回的。这就是为什么越来越多的企业寻求管理自己声誉的方法和诀窍。

一家公司想要取得成功，首先必须了解它想要实现的目标，以及它希望被人们理解的方式，然后分析它与社会所有要素的相互作用，并判断什么时候需要采取行动、应该采取什么行动来建立积极的声誉。

声誉管理的核心，是需要企业建立明确的自我认知，包括人的管理和企业运作的自我认知。这意味着要真正了解风险在哪里，谁在关心企业的一举一动——我们称之为利益相关者[①]——以及理解领导者行为如何决定整个企业的发展。在某些情况下，这会从根本上改变企业实现目标的方式。

案例研究 1：
联合利华以强大背书预防潜在的声誉影响

一家跨国公司发现了其声誉面临的重大风险，然后采取了在当时看来十分超前的一步——与利益相关者合作，实质性地解决了可能存在的负面风险背后的问题。

20 世纪 90 年代末，英荷公司联合利华（Unilever）是全球最大的冷冻鱼买家。当时，人们对过度捕捞和渔业管理的担忧越来越大，环保人士指出，主要公司应该对潜在问题负责，而不是在面对过度捕捞的问题时无动于衷。

① 利益相关者，即 stakeholders，指股东、债权人等可能对公司的现金流量有要求权的人。管理学意义上的利益相关者是组织外部环境中受组织决策和行动影响的任何相关者。在后续章节中，我们将深度解析利益相关者并阐述找到利益相关者的方法，分析他们的特性与需求。——编者注

建立良好声誉的关键技巧之一是与已经拥有良好声誉的伙伴合作。如果你和一群光鲜亮丽的人在一起，观察者自然而然地由他们形成对你形象的判断。在声誉管理中，这被称为“第三方背书”。

在联合利华面临的渔业问题上，它选择与世界自然基金会（WWF）合作。为了应对渔业管理的挑战，这两个组织于1997年共同成立了海洋管理委员会（MSC）。海洋管理委员会总部设在伦敦，1999年完全独立。海洋管理委员会的目标是通过将鱼类生产与鱼类贸易联系起来，不依靠人工养殖而维持野生鱼类的数量，从而改进渔业实践。海洋管理委员会至今仍在运作，其他许多食品公司也在与它合作，以期获得海洋管理委员会的认证背书。经海洋管理委员会认证的鱼在世界各地都可以买到，目前估计有10%的野生海产品符合它们的标准并打上了海洋管理委员会的标签。

世界自然基金会本可以独自行动，联合利华也本可以在没有海洋管理委员会干预的情况下采取其他的可持续行动。世界自然基金会希望它的政策产生效果，而这在很大程度上得益于与一个对冷冻鱼市场有相当影响力的主要商业参与者的合作。非政府组织（NGO）建立这种关系是有风险的，它也的确受到了批评。但好处是，海洋管理委员会有效地促进了连锁超市和其他主要零售商采用认证产品，提高了野生渔业的可持续发展。

对于联合利华来说，其可持续的渔业政策得到了第三方背书。这成为一个保护伞，避免人们指责该公司行为的不可持续性。也许联合利华的领导层也认为，这不仅仅是一个商业事件，他们也希望长期改变这一行业，因为没有可持续的鱼类资源，就不可能有未来的冷冻鱼商业模式。

在采取这一举措时，联合利华表示，自己是一家能够与环保人士用同样语言交流的企业。它对那些担心过度捕捞的人表现出同理心，并表明正准备为此做点什么。而这些行为和言论都对联合利华的声誉产生了积极的影响。

掌控关键风险

联合利华联合世界自然基金会创办海洋管理委员会时，已明确其在未来渔业可持续发展潜在问题中的角色。每个企业都会有这样的特定问题，不同国家不同时期面对的利益相关者和声誉问题也是不同的，但是一般来说，我们会遇到以下的关键风险。

法律 / 欺诈

很多法律问题可能会导致企业声誉受损，比如企业可能成为非法操作或欺诈的受害者，或者企业本身有违法或欺诈行为，包括企业的或企业内部核心人士的违法行为。此外，在许多国家，关于企业如何参与竞争以避免出现卡特尔[1]的价格操纵都有着一套复杂的规则，贿赂在国际上也是非法的。为了维护自己的声誉，企业需要体现出它们如何确保员工不参与这些非法活动。如果涉及法律或欺诈问题，利益相关者将质疑企业的可信赖性、能力和价值观。在许多情况下，法律惩罚给企业带来的声誉损害将是长期、深远的。

监管

就像法律问题一样，如果企业越过监管的警戒线，无论是与地方政府还是与国家合作，企业声誉都将受到严重损害。在这一点上，其他问题所造成的损害，可能远不及违反监管规定所带来的长期声誉影响。这种影响可能会导致政府限制某个企业经营的自由，有时甚至会影响整个市场。欧洲和美国的银行业，曾因为个别银行的越轨行为使得政府对整个行业的监管更加严格和规范。

员工问题

怎样保障雇员的安全，以及如何对待他们，直接反映了企业的价值观。当企业雇用大量员工时，他们（和他们的家人）往往是企业价值观的活跃传播者。在过去，他们可能更多会在本地传播信息。如今，有专门的员工社交媒体网站报道企业自己员工的

---

① 卡特尔，即 cartel，是指一群独立的商业组织，它们的目标是通过定价、限制供应或其他限制性措施来增加集体利润。卡特尔组织通常控制着销售价格，但有些组织的目标是控制原材料价格。——编者注

经历，新员工和潜在客户会使用这些网站来测评企业的声誉。

这种声誉是很重要的，当企业是零售商或拥有消费者品牌时更是如此。在这些情况下，企业对待员工包括供应链中的员工的方式会严重影响其业务的开展。一个很好的例子是，孟加拉国抵制西方品牌利用低薪、低待遇的劳动力来生产服装的行为，在全球范围内掀起了连锁反应，而且被曝光的是服装品牌商或零售商，而不是雇佣工人的当地分包商。

质量、安全和消费者投诉

如果商品或服务的质量和安全性达不到预期，企业就会暴露在危机四伏的环境下，有时甚至会对业务直接造成损害（见后文案例研究 4）。此外，如果产品本身功能完好没有问题，只是售后体验较差，单个产品及其后续服务的问题也会影响整个企业的声誉。食品工业中就有很多例子，一小部分产品的质量问题会使企业生产的所有产品都受到质疑。不过在这些情况下，企业仍然有机会通过身体力行来解决难题，展示企业的价值观。

最著名的例子就是，美国强生公司对其市场占有率较高的止痛药泰诺的危机处理。当人们得知一包止痛药中含有氰化物时，强生公司迅速采取行动，要求从所有分销渠道召回泰诺，而不仅仅是那些药物被伪造的国家。其还开发了防伪包装，尽可能杜绝未来类似事件的发生。事后看来，当时召回的规模和成本巨大，但其因此收获的声誉帮强生赚取了更多回报。

环境

企业如何处理与环境的关系越来越受到人们关注。对社区环境的影响，成为评价企业责任的重要指标，有许多企业的声誉因环境问题而受损。1989年，埃克森油轮公司旗下的埃克森瓦尔迪兹号油轮，在阿拉斯加威廉王子海湾的偏远地区泄漏了4.1万立方米的原油，成为史上最具破坏性的人为环境灾难之一。因为行动缓慢，在面对全球公众质疑时采取防守姿态，埃克森公司的声誉受到严重损害。随后的调查还发现，埃克森在许多问题上的失误导致了该油轮的泄漏事故，例如，泄漏的石油是从普拉德霍湾油田开采出来的。之后，运送阿拉斯加石油的自由就受到了极大的限制，而且成本变得更高。

另一个例子是，英国石油公司2010年在墨西哥湾的漏油事件以及随后的数十亿美元的罚款，导致了人们对于石油行业的不信任。

知晓关键利益相关者并建立关系

在前面的内容中，我们了解了利益相关者的概念。股东是企业的拥有者，代表着一个非常重要的利益相关者群体。他们各自持有自己的观点。有些股东需要短期回报，而另一些人则计划进行更长期的投资。一些股东期待高水平的增长，并能承受高风险，其他人则希望稳步、安全地取得进展。企业如何保持与股东的关系对其未来发展至关重要，但他们并不是唯一重要的利益相关者。

对企业有重要意义的利益相关者还包括以下群体。

消费者和客户

本质上，每个产品或服务都有一个内在的承诺，如果这个承诺没有兑现，那么做出承诺的企业的声誉就会受损。通常有七种情况可以确定一个品牌会陨落。

- 从不兑现诺言
- 承诺没有按照预期兑现
- 承诺附带太多条件
- 履行诺言延后
- 承诺只是一个空想
- 承诺平淡无奇
- 竞争对手代替其兑现了承诺

我们都有过这样的感觉：期待已久的新玩意来了，我们打开盒子，插上电源，然后慢慢意识到它没有我们想象得那么好。它的性能很差，可能比我们想象得要小，或者速度太慢。预期的承诺没有实现，于是我们开始责备制造商。企业与企业之间（B2B）的交易也包含着承诺。订单是否准时交货？订单是否符合要求？是否每一次都能按时按量交付？供应商的声誉就建立在不断实现这些承诺的基础上。

员工

我们已经强调过员工问题是声誉的风险因素，但同时这也是一个重要的声誉建设机会。大多数企业的成功取决于员工的表现，企业如何在这些主要利益相关者中建立其雇主声誉，可能会决定企业的绩效。一些最成功的公司与员工进行深度合作，确实提高了公司绩效。盖洛普（Gallup）数据显示，拥有高度敬业员工的公司表现更好，比同行每股收益高47%。敬业且“有价值的”员工，其工作体验是他们对雇主声誉的主要贡献。员工需要感觉自己受到重视，需要知道他们在做决定时被考虑在内。

政府（地方和国家）

除了法律合规问题之外，最好的企业往往还会得到地方和国家政府的支持。有时这只是默认的支持，在更多情况下，企业获得了实际的帮助，如规划许可、发展赠款或修改税法。为什么政府要提供这种帮助？首先也是最重要的是，政府把企业视为对其所在地区或国家有利的因素。一些行为符合道德规范的企业，可以提供经济利益，如纳税、为居民提供好的工作岗位等，并参与可能对企业没有直接收益的活动。其次，企业也需要表现出愿意成为长期合作伙伴的意愿，并在政府需要帮助的时候积极行动。

对于许多企业来说，克服最初的愤世嫉俗是一种挑战，但它们仍要克服。企业关心的是利润，并将做和说结合起来，进一步实现这一目标。这就是为什么企业与利益相关者的关系如此重要的原因。如果一家公司说它善待员工，同时雇员本身或者他们的代表，如工会，做出积极的陈述，这一信息就会变得更加可信。第三方背书是声誉管理的核心。政府监管会对企业产生意想不到的影响，这就是许多企业雇用员工或顾问来管理这些关系的原因。

对于本土企业来说，与政府建立良好声誉的过程通常是简单明了的。本土企业的行为是为人所知和可理解的，也拥有建立信任基础的记录。对于来自外国的（通常是相互竞争的）新企业来说，挑战可能会更大，这时就需要采取创新行动，如下面的案例研究 2 所示。

案例研究 2：
华为拿到英国“通行证”

华为是全球领先的信息与通信基础设施和智能终端提供商。近年来，华为活跃于国际市场，发展迅速。它提供的产品跨越四个关键领域——电信网络、IT（信息技术）、智能（终端）和云服务，成为许多国家关键基础设施的重要组成部分。

在英国，华为经过长年耕耘，通过一系列国际通行的声誉建设和管理手段，赢得了英国政府的深度信任，成为构筑企业声誉的典范。

在英国，华为努力发展并保持着良好的公众声誉。它还一直尝试着对其许多运营部门监管和公共政策的需求做出回应。在许多方面，华为的公共事务活动都遵循着国际惯例：它定期与关键领域的政治代表保持联系，通报公司最新情况和当地投资情况。它还向一些重要的议会成员做简要介绍，讨论相关主题领域的立法，并为议员、顾问和公务员制作了广泛发行的“公报”，这些内容涉及华为的具体发展和投资。与此同时，华为还定期举办“旁听”会议，会议主题或是新技术的医疗应用，或是在关键城市整合高速宽带能力可以带来的商业效益。无论具体话题是什么，华为专家们都在向议员们进行全面汇报。在这一过程中，华为可以把自己定位为帮助政府人员正确看待行业前景，而不是按个案处理议题。

为了巩固行业的领导地位，华为高管访问英国时，会在最高政治级别会议上露面。当英国政治领导人访问中国时，这一点得到了对应回报。这显现了建立长期关系的必要性。

华为一个有趣的特点是它会代表这些客户做声誉工作。它定期资助对智能城市的研究，并对最优秀的任务交付进行排名。它还举行一年一度的供应商会议，这一会议一直得到重要政府官员的支持。

透明度、投资和信心是其声誉管理的核心方面。对于供应关键电信设备的企业来说，不使自己处于安全问题的风口浪尖是很重要的。对华为来说，事实证明，这是一个重大的声誉挑战。在英国，华为已成为英国电信行业的主要参与者，为一系列商业和政府客户提供服务。

一些有影响力的政府委员会表示担心，华为软件中隐藏着的所谓“后门”可能被用于监听敏感的政府、军事和商业通信。

华为面临的挑战是建立信任。因此，2014年，来自英国政府最高层的安全专家，连同华为及其两大电信客户沃达丰和英国电信的代表，汇聚一堂，创建了华为网络安全评估中心。四年来，华为一直与英国政府和情报界合作，提供一个涉及政府通信总部（GCHQ）的“监督委员会”，并向英国国家安全顾问报告，后者则向议会报告。懂技术且有着安全专家身份的官员们也可以任意接触市场上或还在研发中的华为产品，以确保没有任何第三方的特定访问权限。

华为是英国唯一一家这样做的公司，它与以内部投资为竞争筹码的竞争者有所不同。迄今为止，这一做法已为英国政府树立了信心，而华为仍是该行业的主要供应商。虽然这一做法的工作量巨大，但是，显然，华为相信，投资于公司声誉是值得的。

不仅仅是国际企业，中国品牌在走出去的过程中，更需要与当地政府建立良好的关系，形成互信，因地制宜地展开声誉管理工作，从而为全球市场的开拓打下更坚实的基础。

监管机构

与政府部门并列的是监管机构，但这些监管政府政策的机构是独立的。每一家公司都有一份相关监管者的名册，每个监管者都有自己的特点和工作内容。监管者可能是环境机构、员工福利机构或当地的商业标准组织，其工作内容通常由政治意识和程序的严谨性共同决定，监管者最关心的是确保其所有相关规则都得到遵守。越来越多的监管机构也需要通过公开展示其严谨性和独立性来证明自己的存在价值。

对于企业来说，第一个目标是了解规则并遵守监管机构相关规定。通过与监管机构打交道，可以获得更高的信誉。企业可以采取许多形式，例如参加标准会议和关于未来规则的讨论。欧盟化学品法规 REACH（化学品的注册、评估、授权和限制）的制定，是为了改善人类健康和保护环境，使其避免遭遇化学品可能带来的风险，同时提高欧盟化学工业的竞争力。原则上，REACH 适用于所有化学品，并对整个欧盟的大多数公司产生影响。它的 849 页规则耗时七年才通过，被认为是欧盟历史上最复杂的立法。要实现这一目标，需要成千上万家的企业参与和协商。这种接触既是在功能、操作层面，也涉及声誉管理层面。

当地社区

除了欧盟这样的区域化组织，你的近邻也很重要。除了虚拟的数字商业，每个组织都会在地理空间上有些邻居，尤其是对制造业企业来说，与这些邻居们的关系至关重要，因为你的资金已经投入到工厂和机器上，而且搬迁是困难且昂贵的。如果你的邻居反对你的生产，那企业投资可能会竹篮打水一场空。

供应商

大多数企业都处于供应链之中。这条供应链包含许多潜在的第三方支持者和潜在的批评者。要想在供应商那里毁掉自己的名声，最简单的办法就是拖延结算发票。然而，供应商身处的关系要复杂得多。供应商也需要接触和理解消费者的需求，这是双方面的。有时供应商如果让消费者失望，可能会有严重后果。英国的航空航天成长伙伴公司就是一个很好的例子。它的供应商行动基于这样一个前提：未来的世界级供应链需要有投资于创新的供应商，以推动整个行业的增长。大公司承担责任和成本，帮助小公司在供应链下游进一步改善工作。

非政府组织

对于一些企业或者部门来说，非政府组织是非常重要的利益相关者。非政府组织将推动可能影响企业运营的法律改革，并展开维护个别企业或行业声誉的公共运动。我们在前面看到，联合利华与非政府组织世界自然基金会共同创建了海洋管理委员会，该组织参与管理与其他非政府组织的合作。

与企业声誉一样，企业面对非政府组织的关键是同理心。企业能够有效进行监管并了解在特定部门活跃的非政府组织很重要，这可以帮助理解企业的行为是如何被看待的。大多数非政府组织的工作人员都是有原则，并且知识渊博的人，他们的担忧不应该被忽视。

综上所述，每个企业都有一系列的利益相关者。当发生可能损害企业声誉的事情时，利益相关者将看到全局，每个利益相关者也将有特定的关注点。这在案例研究 3 中得到了说明。

案例研究 3：泰莱集团在面对灾难时如何管理利益相关者

2001 年 12 月 21 日，泰莱集团（英国一家知名食品公司）的员工正要在食堂享用午餐，电视台刚好播放英国反恐警察与皇家海军和海关的联合安全排查，他们在泰晤士河口约 50 英里[①] 处强行登上尼莎号——一艘泰莱集团的运糖船。尼莎号装载着 2 万吨原糖，目的地是伦敦泰晤士河口的泰莱集团制糖厂。这次特殊行动是由于有情报说船上的货物中可能藏有生物武器，有恐怖分子要袭击伦敦。这件事发生在纽约世贸中心遭袭后不久，意味着这种相对不太可能发生的情况对安全部门也能构成威胁。事前泰莱集团的人都不知道这件事。几分钟之后，公司的总机就接到了几百个电话。伦敦小组面临的

① 1 英里约为 1.6 千米。——编者注

挑战是，如何尽快和一致地解决所有利益相关者的问题，并将任务分配给特定的人。

在发表言论之前，泰莱集团决定要关注三个主要利益相关者，分别是泰莱集团品牌的消费者、客户和员工。同时泰莱集团确定了关键信息，提供了统一口径：“可疑的糖不在我们的工厂而在几百英里之外。泰莱集团将不会置我们世界级的质量和安全纪录于风险之中。我们正在同有关部门充分合作，以便使这一问题得到满意的解决。”

通过媒体，这个消息被传达给消费者。所有的电视访谈都是由泰莱集团的发言人在一个空码头前进行的，他指出这是为了证明这艘船不在那里。工厂经理单独联系了所有的客户，并向他们保证，尽管泰莱没有接受新的原料，但糖的完整性和持续供应并不受影响。员工和工会面对面听取了部门经理的汇报，他们获知，泰莱集团的产品没有风险。这个消息被重复传播了很多次。

对尼莎号的搜查持续五天，最后它得到了解除警报的许可，警察说他们确信这艘船不会对公众构成威胁。这引发了一个新的挑战：如何在履行安全承诺的同时，将糖用于加工？这也产生了一个新的关键利益相关者——当地社区。在与社区（与当地警方）和员工及其代表进行了充分的讨论后，泰莱集团制订了一项计划，船在新年的第一个工作日进港。这样公司就不会被指责试图在假日期间偷运尼莎号进港；媒体被邀请去拍摄这一事件，全程开放透明；糖被小批量卸载，并取连续的样品，以展现糖并没有被污染。

最后的结果是，没有任何消费者继续质疑，所有商业客户都继续与泰莱保持着紧密合作，员工们感到自己被重视，当地社区也继续高度重视泰莱集团及其制糖厂。

企业领导力的重要性

企业声誉是一家企业多年行为累积的结果，是每个员工活动的总和，并且和最细微的工作直接相关，领导力是企业声誉的决定性因素。然而，这种集体活动的关键决定因素是组织的领导力。人类是有知觉的生物，不管是有意识的还是无意识的，我们大多数人都能透过行为表象来了解别人的本质。

现代企业时不时会出现导致声誉受损的领导行为。在最极端的情况下，一些违法行为会被起诉，就像泰科的丹尼斯·科兹洛夫斯基（Dennis Kozlowski）、世界通信公司的伯纳德·J. 埃伯斯（Bernard J.Ebbers）、安然的肯尼斯·L. 莱（Kenneth L.Lay）和杰弗里·K. 斯基林（Jeffrey K.Skilling）的案例一样。在所有情况下，他们各自企业的声誉也受到了损害。在大多数情况下，领导层发出的信息更为微妙。假设你在一家制造工厂当主管，管理层告诉你要加快生产。你告诉经理，加速生产会影响产品的质量。如果你收到经理的答复是“快点儿把事情做完”，这就向你和你所在工厂的同事传达了一个明确的信息：与宣传海报和电子邮件传达的企业形象相反，管理层并不真正关心质量。

案例研究4给出了一个极端、令人震惊的例子，涉及日本安全气囊制造商高田。如果高田的管理层在发现乘客死亡事件时就妥善处理这个问题，很可能就不会倒闭。

案例研究4：
高田忽视安全问题导致的衰败

当日本气囊制造商高田公司申请破产保护时，该公司正面临着有缺陷的车用安全气囊导致的巨额赔偿。高田的某些产品在使用时会爆炸。这一产品缺陷导致至少16人死亡，180多人受伤，引发了美国历史上规模最大的召回事件。随后，前雇员们站出来揭露公司在十年前就知道潜在的产品缺陷，却掩盖了这个问题。所有的事实都表明这是一个本可以避免的丑闻。

这种类型的安全气囊的生产始于20世纪90年代。大约在2000年，高田内部的报告称，安全气囊增压机未能正常工作，一些产品在测试中发生了爆炸。2004年，高田公司收到一份报告，称该公司的一个安全气囊在美国出现故障，当时一名亚拉巴马州的司机被金属弹片击中。之后，高田又被《纽约时报》披露了进行秘密测试的内容，钢铁增压泵的气囊可能存在裂纹并导致破裂，有可能产生尖锐的金属碎片。该公司的高管们选择无视结果，要求员工处理有缺陷的增压泵，并从电脑上删除测试数据。直到 2008 年，也就是秘密测试四年后，高田才第一次发布安全气囊召回通知。

高田采取了一系列有选择的召回。有人认为，这是为了降低全面召回对财务的影响。直到 2012 年，美国汽车安全监管机构才得出结论，高田“未能澄清安全气囊上不准确的信息”。2014 年，美国国家公路交通安全管理局（National Highway Traffic Safety Administration）对高田气囊展开了正式的缺陷调查。高田承认，至少已有 6 人死于这一缺陷，其产品可能存有缺陷，并同意支付高达两亿美元的罚金。该公司同意接受一个独立的合规监察，并为一干汽车制造商召回约 3 200 万个车用安全气囊。

2016 年，美国联邦汽车安全监管机构将死亡人数的十分之一归咎于高田气囊破裂。大约在同一时间，也是在高田就故障发布内部报告的 16 年后，由美国前交通部长和白宫办公厅主任塞缪尔·斯金纳领导的一个小组发表了一份报告，认为高田必须改进其汽车产品质量检查程序。专家组还确定，该公司需要将推进剂自动装载到气囊增压泵中，而不是继续以手工装载为主。同年晚些时候，该公司同意再召回3 500万至4 000万台气囊增压泵。接踵而来的刑事指控要求高田支付巨额罚款，高田对主要的汽车制造商也私下进行了赔偿。该公司于2017年6月申请破产。

创造开放的企业文化

企业声誉正越来越依赖于企业的开放文化，这意味着，企业会听取股东的意见，对他们关心的点做出反应，并在可能的情况下公布企业进展和战略信息。一个开放的组织能够听到批评，并且能够与批评人士接触，这也意味着其思想开放，具有创新精神。

有时，企业的领导者似乎很难倾听不那么资深的员工的意见。他们觉得自己的权威被削弱了，员工在贬低他们。对一些高层来说，更困难的是承认他们听到的是正确的，进而去做出相应的改变。最好的领导者能够在保持权威的同时认真倾听。我们已经从高田的例子中看到，一个不听取员工意见的组织和一个不接受违规证据的组织都必将处于危险之中。

许多企业（尤其是欧洲和美国的企业），都要求提供所谓的员工检举措施。这些措施允许员工报告危害企业声誉的行为，而不必担心管理层的报复，因为有时管理层可能正是被批评的对象。

当然，在数字时代，网络上对个人和公司的谴责也越来越多。

泄密是一种有用的声誉管理工具。虽然泄密事件的名称和细节不可知，但我们可以审查事件在哪里发生以及这些事件的真相。有时，这有助于委员会查明地方管理方面的系统问题，也使我们能够采取行动，并确保这些问题不会在损害企业声誉之前再次发生。

企业公开文化的外部证据是通过审查其报告的广度和透明度来收集的。这种报告被视为公司治理的重要组成部分，公司治理越来越多地建立在披露非财务和财务信息的基础上。一般来说，公司治理绩效是通过公司发表的报告，以及对利益相关者认知的调研来判断的。公司的运作方式、董事会构成、董事的薪酬、审计问题和揭发政策都在考量范围之内。在英国，公司治理很受关注，立法扩大了报告的内容，以推动政府目标的实现。

在英国富时 100 指数成分股公司治理中，帝亚吉欧（Diageo）是全球领先的酒精饮料品牌，旗下拥有各种烈酒和啤酒类别的品牌。由于销售酒类，该公司有时会因其产品的影响而受到批评。为了防止这种情况发生，帝亚吉欧的年度报告涵盖了广泛的财务和非财务措施，并报告了对利益相关者管理的一系列奖励措施。该公司最近在美国被评为全美最佳工作场所之一，并被评为职场妈妈的最佳雇主之一。

开放的文化有助于企业远离负面问题，也可以抵御潜在的攻击。从积极的一面来看，开放的文化可以利用员工和其他利益相关者的思想和才能获益。提高安全性、效率和质量的理念可以改变一个行业。精益生产彻底改变了许多业务，其背后的整个原则就是利用所有员工的力量。敬业的员工不仅能提升业绩，还能成为企业积极的声誉倡导者。企业的开放性及其领导能力是与大多数利益相关方深度合作的基础。

企业声誉受到威胁时如何应对

到目前为止，我们已经研究了企业声誉的影响要素。现在让我们看看什么时候会出现问题，或者说产生威胁。理想的情况下，早期预警信号足以引发企业的应对措施。我们不可能提前预知任何可能影响企业声誉的细节，但可以创建一个流程，以相应的应对措施帮助解决问题，并提前确定需要哪些额外的技能。这个过程有 5 个步骤。

（1）事实：识别问题并确定事实。

（2）评估：评估所需的合适的反应和资源。

（3）战略：确定受影响的利益相关者和应对措施。

（4）交付：选择合适的消息传递者，指定相应的计划交付者。

（5）监测和审查：评估影响和反应有效性。

事实：识别问题并确定事实

企业要清楚地了解潜在的声誉威胁。大多数的失误都是人们在使用错误或过时的信息时产生的。根据威胁的性质和公司所从事的业务，有一系列显著的问题需要回答。第一个是：发生了什么事，还在继续吗？

在有逻辑地确认事实时，一定要避免猜测。紧紧抓住我们所知的信息，并按照流程，找出我们不知道的。同时要了解形势发展的方向，确定是变得更糟还是局势稳定。为了让读者了解我们通常会评估哪些因素，这里有一些例子：

- 重大工业事故或天灾，如火灾、洪水、爆炸；
- 严重的产品故障问题，尤其是在产品已经进入供应链的情况下；
- 公司所在地的政府机构的调查，包括海关、税务、反垄断（竞争）、监管行动；
- 员工欺诈；
- 重大且具有破坏性的产业纠纷或重大法律诉讼；
- 绑架和敲诈勒索。

评估：评估所需的合适的反应和资源

根据收集到的事实，把这些威胁或事件放在事件背景中。例如，确定对声誉的威胁是全球性的还是局部性的？影响是包括所有的产品和服务还是只涉及其中一个？

为了对威胁的性质进行分类，可以利用“可视性－严重性象限”（见图 1–1）来评估合适的反应水平。

象限 A：高严重性／高可视性

这个象限内的事件有可能严重影响企业的声誉，需要采取紧急行动，并应知会最高领导层。

象限 B：高严重性 / 低可视性

并非明显的企业声誉问题，而是企业经营问题。例如，企业可能正在切换到新的软件平台，这一动作在内部造成问题的风险是有限的，却可能导致随后的商品或服务中断，影响债权人得到偿付或者扰乱工资发放。因此，从内部操作问题开始，可能会演变成对声誉的挑战，我们也需要相应的计划应对。

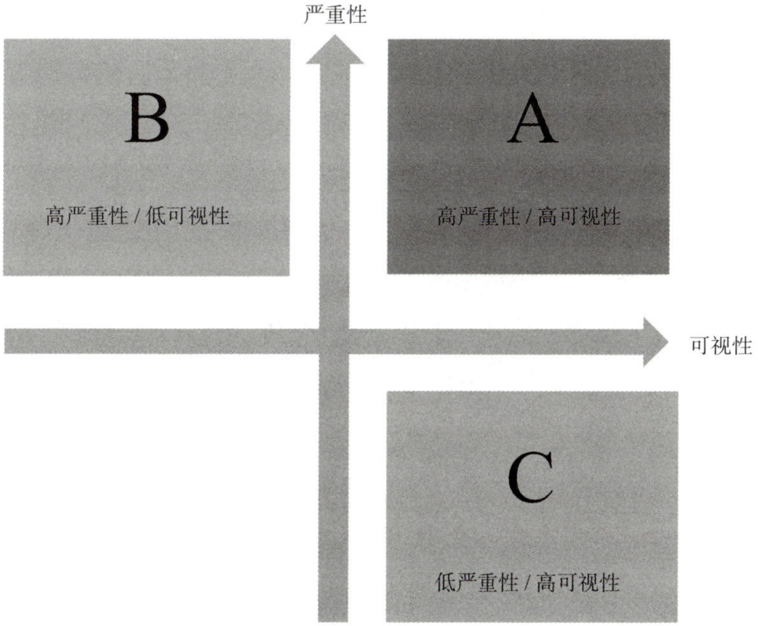

图 1–1　可视性 – 严重性象限

象限 C：低严重性 / 高可视性

在这种情况下，声誉的威胁是别人以为企业存在问题，虽然这不是实情。在案例研究 3 中，在原料被完全清除之后，一些利益相关者仍然认为它可能受到了污染。这就是为什么当糖从尼莎号卸下来的时候，企业不得不进行取样和测试的原因。企业通过谨慎行动解决了一个高可视性的潜在问题。

战略：确定受影响的利益相关者和应对计划

确定了事实，对声誉威胁的严重性和可视性有了初步判断后，现在是制订应对计划框架的时候了。首先，我们应该对危机结束时想要达到的目标做出清晰的定义。这听起来可能很戏剧性，但这就相当于战场上医生们判断哪些受伤的士兵最有可能存活，并优先考虑他们的治疗。在危急的情况下，我们需要了解希望保留的部分，以及（即使不情愿地）放弃的部分，从而建立一个恢复声誉的行动框架。该框架告诉执行团队下一步和所有利益相关方接触的时候需要做什么。与此同时，非常重要的是，整个组织都要团结起来。为了建立这种级别的协作、保证可控性，所有员工都应该被告知并被提醒，在没有授权的情况下，任何人都不应该与外部进行对话。

交付：选择合适的消息传递者，指定相应的计划交付者

有了明确的方向，就有可能形成遏制名誉损害的核心信息。例如，泰莱集团的战略是确保糖品牌不受影响，在这种情况下，所有的消息都集中在演示这一点上。虽然它很简单，但我们一直在用它。

尽管消息内容应该是一致的，但应以不同的方式传递给不同的利益相关者。系统的方法也有帮助。首先确定在这种情况下的

关键利益相关者，确定谁最有可能站在你这边，谁有可能公开批评你。接下来确定沟通传播的媒介和时间节点。有时我们可以利用第三方，如媒体或行业协会，将信息传达给利益相关者，有时需要直接电话沟通。最后，我们需要确定谁去进行沟通传播，这根据企业员工与特定利益相关者之间的关系不同而会有所不同。

某些司法管辖区，需要对金融市场进行全面评估。在这种情况下，市场信息要由总体战略信息来传达。我曾目睹过，起草市场公告的律师，因不能考虑企业的声誉影响及其所涉及的法律问题而造成了严重的后果。当然，法律立场很重要，但写出普通人也可以看懂的公告也同样重要。

监测和审查：评估影响和反应有效性

一旦信息被传达出去，要继续监测它们是如何落地的，观察它们的效果，评估我们所做的事情是否真的减轻了威胁。互联网和社交媒体把世界绝大部分都联结了起来，这意味着新闻传播速度很快，利益相关者的反应可能会得到广泛传播。监测和应对就变得非常重要。例如，一家英国公司收购一家荷兰知名企业，一位十分有影响力的荷兰财经记者在推特上发布了一则虚假信息。荷兰的新闻发言人很快联系了该记者，对信息进行了修正，从而避免了许多潜在的问题。事件结束后，我们就有机会对所发生的事情及为什么这样做进行更慎重的评估，这将有助于完善未来流程和积累经验。

声誉管理是我们生活的一部分

以上我们讨论了企业声誉的前景，并概述了其重要性。联合利华的例子说明了创新如何能带来积极的结果。华为的案例也说明，建立强大的声誉对企业的未来至关重要。考虑到企业面临的风险，我们已经看到，当某些意外发生时，声誉会以不同的方式影响利益相关者。泰莱集团的案例表明，需要优先考虑哪些利益相关者是实现声誉恢复计划的关键人员，明确向这些利益相关者进行信息集中传播的好处。高田的例子清楚地提醒我们，企业领导力的重要性以及创建开放企业文化的必要性。

声誉管理是我们在生活中自然而然发生的事情。无论是个人还是企业，都在积极累积声誉。在商业社会中，树立良好的声誉是企业成功的关键。企业的声誉由企业做的每一件事构成。如果企业做了正确的事情，创造了一个强大的企业声誉，就拥有了通往卓越的许可证。

丰田召回：经营者是最大的公关人

2018 年 5 月 8 日，中国总理李克强在任期内首次访问日本，这也是中国总理时隔 8 年再度访日，不仅标志着中日高层交流和互访的恢复，也可将其视为中日关系破冰的重要信号。此次访日，安倍政府以高规格接待了李克强总理。在访问北海道期间，李克强总理在日本首相安倍晋三的陪同下来到丰田汽车北海道厂区参观考察，这也是李克强在此次访日期间参观的唯一一家汽车企业。李克强在访日期间表示，希望包括丰田公司在内的日方企业抓住机遇，进一步深化对华合作，实现从“制造”到“智造”的升级，实现更高层次的互利共赢。

李克强总理为何会对丰田情有独钟？这恐怕要归功于丰田近年来取得的显著成就，以及丰田公司作为世界十大汽车工业公司之一、日本最大的汽车公司的杰出地位。2018 年 5 月 9 日丰田发布的 2017 财年财报显示，丰田纯利润增长了 36.2%，同时 2017 财年集团全球销量达到 1 044 万辆，同比增长 2%，创下了历史最高纪录。

这样一家欣欣向荣的企业，却在 2010 年 2 月 24 日遭遇了前所未有的危机，这个特殊的日子已被所有丰田人铭记于心。

2005—2007 年，受美国对日本货币政策的影响，日元汇率呈现贬值态势。日元疲软，让出口更加有利可图。

2007 年，丰田在日本国内的产量达到 423 万辆，与 2002 年相比增加了 74 万辆。这说明丰田在这一时期选择了扩大生产、快速扩张的道路。

2008 年，雷曼兄弟轰然倒下，全球金融危机爆发。受其影响，丰田、通用等汽车企业也先后出现亏损，销量下滑。

2009 年初，丰田汽车宣布，其 2008 年全年销售量为 897.2 万辆，丰田一举超过通用汽车，成为全球最大的汽车制造商，终结了通用在全球汽车市场上连续77年保持的“龙头”地位。

大规模召回

2007年，丰田就已经在美国宣布召回5.5万辆雷克萨斯ES350及凯美瑞车型，自此之后，召回如星火燎原般席卷全球，社会各界针对丰田的质疑也愈演愈烈。

2010年2月24日，新官上任的丰田章男就直面丰田史上最大的危机，接受美国国会传唤，出席众议院监督和政府改革委员会的听证会。在长达3个小时的质询中，丰田章男多次就汽车的安全隐患向消费者道歉并承诺将负起全部责任。

重建声誉需要经营者担纲

丰田重建企业声誉的过程是卓有成效的。主要内容可以归结为三点。

成立战略副社长会

战略副社长会是丰田于2013年4月设立的机构，成员包括内山田竹志会长、丰田社长和其余6名副社长。战略副社长会承担了制定企业中长期战略的任务，指导生产、采购、人事等各职能部门。战略副社长会人数少，以公司高层为主，有利于加快决策速度，能够为处理危机赢得宝贵的时间。

设置 CQO 岗位

回顾召回事件的前因后果，丰田清楚地发现自己在质量管理体制上存在漏洞，地方与总部质量标准虽然一致，但在实际执行过程中，总部只能掌握产品质量的总体情况，很难将质量把控进一步细化。

在这一背景下，针对消费者声音难以传达至总部以及危机应对迟缓等问题，同时考虑到因地制宜的必要性，丰田在日本、北美、欧洲、亚洲（除日本和中国）、中国、中东地区分别设置了 CQO（Chief Quality Officer，首席质量官）岗位。CQO 通过与三河总部进行电话会议的形式，直接参与产品召回的流程，这样就把地方与总部联结到一起。在设置 CQO 岗位的同时，丰田还成立了“全球品质特别委员会”机构，丰田章男任委员长。该委员会成员不仅包括总部和各个地区的 CQO，还包含技术、生产、管理等公司内部各个职能部门的代表、相关人员以及外部专家。在委员会的领导下，除第一年外，计划每年召开三次专务级别及以上的“品质机能会议”及两次“全球品质特别委员会”会议，以期加强地方与总部的交流，加大对产品质量的把控。

与此同时，丰田围绕声誉重建，不断对组织结构进行大刀阔斧的改革。比如，丰田不仅先后引进了事业部制和内部公司制，还在运营机制上持续优化，减少功能会议、副社长会议等，不断压缩本部数量，实现组织的扁平化，提升决策效率。

在这一过程中，丰田放权地方、提升企业活力的大智慧也不断显现出来。以丰田（中国）为例，2011 年 4 月 1 日起，丰田决定把决策权交到丰田（中国）手中，丰田董事会将直接负责支持各个区域的决策。丰田（中国）董事长将直接向丰田总部社长丰田章男汇报工作，这说明丰田总部放权给丰田（中国），赋予地方以更多职责及决策权。允许各部门之间、不同地区之间及关键职能部门根据实际情况做出“前瞻性决策”，大大缓解了丰田一直以来的总部与地区间沟通流程冗长复杂的问题，有利于更快速、更有效地出台具体措施，增添了企业活力。

经营者是最大的公关人

大部分企业经营者出现在公众面前时，往往具有类似的形象：他们的照片经常会出现在财经、政治新闻中，穿着正式、优雅、得体，谈吐自信有力，举手投足间都散发着低调而又成熟的魅力。丰田章男社长展现在世人面前的却不仅仅如此。除了“丰田社长”的身份之外，他还拥有赛车手的身份，登上过时尚杂志的封面，拥有自己的Q版头像、专属表情印章。丰田章男就是这些形象的集合体，集严肃与可爱、智慧和幽默于一身。

无论丰田章男拥有多少种身份，他都是一个与丰田品牌紧密相连、密不可分的个体。经营者自身已经成为企业的一张名片，经营者就是企业最大、最好的公关人。

后续 1：丰田的涉外及公关统帅早川茂就任经团联[①]副会长

早川茂自 2015 年起负责总领丰田的涉外及公关业务，此后积极推动东京奥运会的残奥会业务，作为实干派的一员，他深得丰田汽车内外人士的赞誉。此后，他历任丰田 CCO（Chief Communication Officer, 首席沟通官）、丰田副会长等职位，并于 2017 年就任日本经团联副会长职务。

丰田的公关、涉外业务一把手就任日本经团联副会长，这一举动传达出了特殊的信号。

首先，任命主管公关、涉外的高管担任副会长，说明以经团联为首的日本商界已经从全球视野着手，开始灵活、认真思考在新时期经济增长放缓大背景下，日本经济接下来该如何前进的问题。

其次，在经济形势严峻的情况下，经团联邀请丰田涉外专家担任高管的举措给人以非同一般的新鲜感。

后续 2：持续优先顺位，优化社企关系

菊地先生认为，丰田在处理企业与利益相关者之间的关系时倾向于遵循以下优先顺位：（1）用户；（2）员工；（3）股东；（4）地区 / 社会。

丰田对于用户的重视体现在“发声”方式的改变。曾经，丰

① 经团联是日本经济团体联合会的简称。它是与日本商工会议所、经济同友会并称的“经济三团体”之一，以东京证券交易所部分上市企业为中心构成。——编者注

田对外发表的声明充满了晦涩难懂的专业词汇，被称为“丰田语”。非专业人士很难读懂声明内容。而现在，丰田在对外“发声”时更倾向于采用更为亲民的方式，用讲故事的方式将企业愿景等抽象概念娓娓道来。

比如2018年11月，丰田社长对外发布了《致股东们的一封信》。在谈及移动出行（Mobility）构想时，丰田社长引用了日本职业棒球比赛中经常使用的一个词语“超二流”，用以表现丰田谦虚的态度和追求“没有最好只有更好”的永不服输的精神。整篇文章用词朴实而又亲切，文风礼貌而非高傲，透露出丰田对诸多股东的感激之情和反哺社会的决心。丰田个人股东占比高，和用户的重合度高。丰田社长对股东的发言，也是在自己的阵地向用户的承诺。

菊地先生对2019年全球声誉大环境的思考

2019年预计全球经济发展放缓，国际社会普遍要求跨国企业维持现有国内生产规模、维持就业现状，并承担更多的社会责任。

2019年世界经济增长放缓

世界银行于2019年1月8日发布消息，预测2019年全球经济增长率为2.9%，与2018年6月数据相比下调了0.1个百分点。世界经济增长率在2017年达到3.1%的高峰，2018年减少至3.0%，预计 2020 年将进一步减至 2.8%。同时，舆论也普遍担忧经济增速放缓会造成跨国企业投资热情减退，且会给各国经济带来负面影响。

就业及其他社会问题加剧

虽然汽车企业和消费品制造企业在全球化进程中逐步将生产据点转移到海外，但本国政府和社会也要求企业维持本国就业现状，所以大多数汽车企业和消费品制造企业在国内一直保持着一定数量的生产据点。

在经济形势良好的情况下，就业问题不太会受到社会关注。但在经济衰退的情况下，随着国内市场的缩小、国内经济恶化和企业业绩的下滑，员工工资和个人消费也会随之回落。需求的减退导致供给紧缩，产量进一步减少。大型汽车企业也会面临国内汽车销量下滑的风险。销量下滑会促使企业裁员，就业问题在此过程中很容易上升成为整个社会面临的问题。

因此，无论从经济政策、社会政策的角度，还是从社会稳定（内政与治安）的角度来看，就业对于政府来说将成为值得关心的重大问题。而汽车企业直接关系到就业和税收缴纳等问题，同时也关乎社会安全，因此汽车企业肩负的社会责任十分重大。

譬如，全球最大车企丰田汽车 2019 年新年宣布：包括集团旗下的大发工业和日野汽车在内，2019 年全球销量计划为 1 076 万辆，较上年增加 2%。2011 年 3 月，日本发生里氏 9.0 级大地震并引发海啸和核泄漏，造成重大人员伤亡和财产损失。受自然灾害及日元走高、劳动力数量有限、电力不足等因素的影响，日本汽车产业发展趋势严峻。即便在这种情况下，丰田社长却还是在2011年宣布为保护日本汽车产业及周边城镇的就业，将保证日本国内产量维持在300万辆左右。汽车产业自身规模庞大，规模大则责任重，在国家面临危机之时汽车企业肩负着独特的社会责任，这似乎已经成为一种社会共识。

因此，无论是地震灾害爆发还是如今经济发展低迷，在危急之时维持汽车产量、稳定就业形势都是丰田的社会责任。

鉴于2019年以后的经济形势，媒体和利益相关者将会更加关心就业及就业相关的其他社会问题。企业肩负着社会责任，国家则肩负着制定经济政策、让国民生活安定的职责，二者利害关系日渐趋于一致。期待未来政府与企业能加深合作，共同履行双方的责任。

跨国企业普遍希望政府维持自由贸易体制

2019年国家间的经济摩擦不断加剧，各国政府可能会加强对市场的管控，采取排他性通商政策。若自由贸易体制出现倒退，跨国企业向高利润市场的出口就会变得愈发困难。

此外，跨国企业为了在21世纪的竞争中获胜，正在围绕技术霸权展开竞争。汽车产业界也一样。丰田于2019年1月7日在拉斯维加斯举行的家电技术展览会上宣布，将通过开发技术的标准化来确立其技术霸权。

令人担忧的是，由于各国企业基础技术的竞争直接关联本国产业，因此技术竞争问题如今逐渐上升到经济安全问题。若经济安全问题进一步深化，甚至会上升到国家安全问题。因此，实际上跨国企业正面临着长期风险。

2000年以后，跨国企业在海外市场持续发展，且在中国市场上都有足够余力唤起消费者需求。如今放眼全球，除了在中国，跨国企业在其他国家市场都无法实现销量的高增长。2019年起，或许会有跨国企业要求本国政府出台促进出口的通商政策。

可口可乐时隔27年提价引发争议

2019年经济增长放缓，企业效益普遍下降，因此预计会有更多快消企业因不能吸收成本上涨的压力而涨价。最近，可口可乐时隔27年后在日本首次宣布自行提价，其中大瓶饮料首当其冲，涨幅高达10%，这一消息引起了人们的争论。

通货紧缩环境下，全球竞争愈加激烈，预计今后会有更多企业通过涨价的方式转嫁成本上涨的压力。但是，提升销售价格和物流价格将导致消费者购买欲下降，可能会导致销量降低。因此，除了价格因素外，企业需要向消费者展示其他可披露的因素。在当今环境下，企业不只需要关注产品质量的好坏，也应考虑获取更多来自消费者的信任与支持。

陷入声誉大战，还是创造信任？

世界经济大环境严峻，同行竞争加剧，能笑到最后的往往是得到人们信赖的企业。因此，企业更需要明确核心价值，对媒体、消费者传递积极信息，不断提高消费者等利益相关者对企业的信赖程度，这样才能够在经济发展低迷的大环境下安然渡过自身面临的危机。

日本即食食品工业协会持续 20 余年的长期声誉战

很多人的记忆里，都留有方便面的味道。即便是生活条件得到极大改善的当下，还是有很多人愿意在返乡的火车上吃一碗热气腾腾的方便面，或者在深夜追剧时泡一碗方便面解解馋。只需 3 分钟，就可以拥有让人食指大动的美味。然而不知从何时开始，方便面在潜移默化中成为"垃圾食品"的代名词。有的人认为方便面保质期长是因为加了很多防腐剂；还有人认为方便面含盐量含油量超标，吃了之后会发胖，不利于健康；甚至有人认为方便面营养不全面，吃了之后会"致癌"。

其实，方便面经历的油炸过程是低温油炸，在低于 200 摄氏度的条件下很难产生致癌物质。相较于方便面，炸鸡或薯条反而更容易"致癌"；方便面保质期长是因为其经过干燥处理，并不是因为添加大量防腐剂；油炸方便面的含油量比油炸鸡块、油炸薯条或薯片要低得多，只要注意食用方法、减少料包添加并搭配蔬菜、豆制品食用，它可以变成一道既美味又健康的料理。

华裔日本人安藤百福于 1958 年发明了现代方便面。当时发售的这一款鸡汤拉面凭借便宜的价格和良好的口感，甫一上市就销售一空，被人们称为“魔法拉面”。2000 年，日本民间机构富士综合研究所进行了一次民意调查，主题是“你认为 20 世纪日本哪些发明是最伟大的？”，共有 2 000 名 20 岁以上的青年男女参与投票（男女各占一半）。最终方便面以高达 692 票的成绩荣获第一名。

可见，自方便面发明至今，日本社会对于方便面的整体接受度是比较高的，大多数民众对于方便面的口味、方便程度十分认可。

然而，日本国内其实也经历过与中国类似的质疑风波。面对质疑，管理日本速食类食品的业界团体日本即食食品工业协会又是如何处理这种情况的呢?

20 余年来协助编纂小学补充教材，普及方便面知识

为了让国民从小了解方便面的相关知识，避免陷入认知误区，日本即食食品工业协会与东京小学教谕[①]们合作，编写并出版了适合小学生使用的辅助教材和教师专用的指导手册。

辅助教材名为《想知道更多！我们最喜欢的面！》。这本教材可用于日本小学的社会课、家庭课，也可作为食品教育相关的自读课本让学生自行阅读和学习。

---

① 教谕指依据《日本教育职员资格法》取得普通资格证书，且从事学校教育的人员，一般为小学、中学、高中、盲人学校、养护学校、幼儿园的正式教员。——编者注

在筹备编写辅助教材之初，教材内容只涵盖了方便面的相关知识，体量略显单薄。修订后的版本，内容则扩大到整个“面”类。除方便面的相关知识外，编者在介绍中补充了中国、意大利等面食大国的知名面类食品介绍，同时在教材后半部分补充了方便面的健康食谱以及在“小学生方便面食谱竞赛”中获奖的优秀作品，并附带照片、材料及具体做法。

教材以图文并茂的形式介绍了方便面的起源、生产过程、种类等基础知识，同时在Q&A（问答，其中Q为问题，A为答案）部分解释了方便面保质期较长的原因，并用图表的形式列举出方便面中含有的所有营养成分，以便从小学教育开始培养人们对于方便面的正确认知。教材后附的方便面食谱营养又健康，这也从侧面颠覆了广泛流传的“方便面垃圾食品说”。同步出版的指导手册进一步方便了教师授课。

好的作品总是能经久流传，虽历经时间考验，却依旧能被广大读者传唱。从创作初版教材至今，日本即食食品工业协会与编者们与时俱进，在25年间多次修订，内容变得更加丰富有趣。

20余年持续举办“小学生方便面食谱竞赛”

“小学生方便面食谱竞赛”由日本即食食品工业协会主办，日本农林水产省及公益财团法人日本营养学会协办，日本全国各地小学4到6年级学生都可以参加比赛。参赛选手需要从营养均衡的角度出发，思考如何将生活中日常可见的袋装方便面、杯状方便面、速食乌冬面、速食荞麦面等方便面做得更健康且美味。全国分为 7 个赛区，优秀作品将会被选送东京参加全国大赛。

食谱竞赛不仅可以激发少年儿童的创造力，提升动手实操能力，也能使学生加深对于自己家乡饮食文化的理解，更以自己的家乡为傲。同时，学生自己动手做饭给家人吃的过程也增加了学生与家人的沟通，有利于构建和谐的家庭关系，促进社会稳定。另外，即席食品工业协会也达到了通过小学生向大人们普及方便面常识的目的，可以说是一举多得。

十几年来坚持援助受灾地区

方便面具有保质期长、方便携带、温暖易食等特点，因此在自然灾害爆发、食物供应不足时可作为应急食品。日本是一个地震多发的国家，每当地震爆发时都会引发食品抢购浪潮。为了避免灾难爆发后的食物短缺现象，以及更好地回馈社会，日本即席食品工业协会每遇国内地震爆发后都第一时间做出反应，向灾区免费捐赠方便面。

除了日本国内，日本即席食品工业协会也会通过世界方便面协会（WINA）给世界各地的灾区送去温暖。我国汶川地震爆发时，协会捐献了 70 万份方便面，这些物资被及时送到灾区，援助受灾者。世界其他国家受灾时，日本即席食品工业协会也都及时伸出了援助之手。

方便面时常面临争议，但事实上世界方便面协会自 1997 年成立开始，就将食品安全作为每年的必修话题，与社会共享食品安全健康理念及技术成果。许多方便面企业都在致力于减盐、减脂，为了生产更为健康的产品而不懈努力。

总结

声誉管理的关键就在于与利益相关者开展长期对话，这本身就是一个长期、渐进的过程。日本即席食品工业协会 20 余年来所做的工作，正是通过“产官学”[①] 相结合，消费者参与的企业社会责任实现长期声誉管理的典范。无论是编纂教材，还是援助灾区，这些活动的出发点都是为了向利益相关者提供切实帮助，并在潜移默化中改变人们的错误认知，进而建立品牌，乃至整个行业的社会影响力。

明治巧克力：改变声誉带动生意

大家在看到巧克力之后，脑海中首先浮现出来的关键词是什么呢？

有的人可能会想到浪漫、香甜、青春，它具有细腻甜美的口

① 产官学即企业、政府、学术界。——编者注

感和浓郁的香气，可以直接食用，也可以被用来制作蛋糕、冰激凌等甜点，更是情人节到来时馈赠爱人的不二之选。

但是，也有一些人对巧克力无甚好感，比如有人认为，“吃巧克力会长胖”“巧克力是垃圾食品”“巧克力高热、高糖、没营养”，甚至有人认为“巧克力会引起蛀牙和痤疮”。

以上想法中不乏社会上极为流行的认知误区，正是这些认知误区阻碍了巧克力产业的发展。

利用社会热点问题改变认知误区

2016 年 2 月 12 日，日本本土网站 Nifty 在网上发布了有关巧克力的问卷调查。在 2016 年 1 月 29 日—2 月 4 日的调查期间，网站共收集有效问卷 3 364 份。

问卷中有一个问题是：“你讨厌巧克力的什么地方？”

回答频率最高的两个是：“高卡路里，易发胖”和“糖分过量”，分别占总数的 34% 和 28%。

可见，尽管有些人并不讨厌巧克力的味道，但还是在潜意识中认为巧克力“高卡路里”，或者是“吃了易发胖”。这一认知误区可以说是根深蒂固。

在社会上对巧克力存在认知误区的同时，日本国内巧克力行业面临的整体形势也不容乐观。日本日益严重的少子老龄化使得巧克力的一大消费人群——少年儿童——的数量逐渐减少，行业发展形势严峻。而随着老龄化进程的加剧，老年人常见病“三高”

（高血压、高血脂、高血糖）等病症频发，患病人数逐渐增多，成为威胁国民健康的一大隐患。由于日本国民自身具备强烈的健康意识，因此为了预防“三高”，人们会有意识地减少巧克力的购买量。而这种局面无疑不是巧克力生产厂商想看到的。

以上种种原因，促使明治巧克力反其道而行之，决定着手利用“三高”患病人数增加这一社会热点议题打造巧克力的“健康”形象。

产官学联动，重塑“健康”声誉

明治株式会社与爱知县蒲郡市政府、爱知学院大学进行了产官学三方合作，共同实施了“关于巧克力摄取对人体健康效果的实证研究”，并于2015年7月17日对外发布了实验结果。如此大规模地举行巧克力摄取的相关实验，这在日本国内尚属首次。

实验选取了爱知县蒲郡市45~69岁的347人（男性123人，女性224人）为实验对象，连续四周让他们定量食用可可多酚含量高的巧克力（每日食用25克，热量约为150千卡），并通过摄入巧克力前后的血压测量及血液检查等手段检测实验对象身体状态的变化。检测在蒲郡市民医院进行，实验从2014年6月中旬开始，一直持续到7月中旬。

该实验结果表明，持续摄入富含可可多酚的巧克力会明显提高与抑郁症及阿尔茨海默病相关的“脑源性神经营养因子”（BDNF）数量（见图1–2）。爱知学院大学身心医学部的大泽俊彦教授认为:“BDNF 数量的提高可能有利于实现认知功能的提升,因此通过摄入巧克力,可能会预防阿尔茨海默病的发生。”

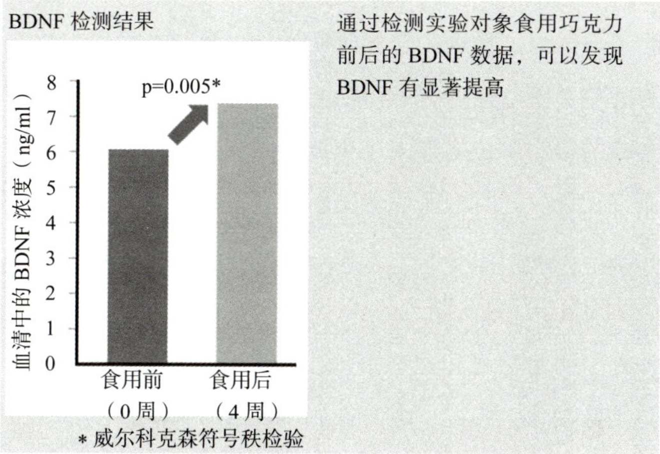

图 1–2 实验对象在实验前后血液中 BDNF 含量的对比示意截图

而在实验后的调查问卷中,有十几名实验对象表示,通过定量摄取高可可多酚巧克力,他们的便秘情况有所改善。为此,帝京大学理工学部生物科学学科的古贺仁一郎副教授与株式会社明治合作,在 2015 年 6—7 月进行了补充实验。为保证实验结果有效,科学家将 31 名患有便秘或者有便秘倾向的女性实验对象分为两组,进行为期两周的对照实验,其中一组(16 人)摄入高可可多酚的巧克力,另外一组(15 人)摄入普通白巧克力,摄入数量均为每人每天 25 克。

此次补充实验结果表明,摄取高可可多酚巧克力的一组实验对象肠道内的有益细菌粪杆菌的数量相较于实验前有所增多,而食用普通白巧克力的一组则未发现明显变化。因此可以推断，食用高可可多酚巧克力可能有利于有益菌群数量的增加，进而起到通便的作用。

除了与国内高校进行合作研究之外，爱知县蒲郡市政府也对巧克力的相关研究给予大力协助。市政府除了安排蒲郡市民医院作为实验的检测单位之外，还积极组织开设市民讲座，以便对外发布研究结果。同时，蒲郡市长也出席了实验中期的报告会，市役所企划部等部门也参与到实验结果的对外发布活动中。日本多家媒体陆续报道了研究进展。

另外，明治巧克力也在官网上宣传巧克力具备的其他功效，如预防动脉硬化、美容、缓解低血压和过敏症状，同时还宣称巧克力有助于女性预防高血压、高血糖、高胆固醇等疾病。其实，巧克力中含有的多酚类物质是有助于减肥的物质之一，它很容易让饱腹中枢神经产生饱腹感，进而减少进食量，起到提高基础代谢的效果。因此，只要不过量摄入巧克力，食用者不仅不会发胖，甚至还会变瘦。

明治巧克力联动多方力量，产官学结合对外发声，通过以上宣传，在潜移默化中改变了许多人尤其是消费者对巧克力的认知误区，这为后来的销量大涨起了良好的铺垫作用。

联动体制建立，销量大涨

明治巧克力通过联动产官学各方力量，在其内部构建出涵盖业务、流通、宣传、公关、市场、研究所等部门的联动机制，为之后巧克力产品的进一步宣传打下了良好的基础。这主要归功于此次声誉重塑活动打破了巧克力原本“高脂肪、高热量、垃圾食品”的固有认知桎梏，重新打造了“健康食品”的形象，使得许多超市和便利店都愿意为明治巧克力开设专门的货架，进而有效提升了市场占有率。同时，巧克力作为健康食品也不再局限于“情人节”这一个产品卖点，这次活动有效推动了巧克力由季节性商品向日常消费品的转变。在利好因素的激励之下，明治内部各部门更愿意团结一致、联动前行。这不能不归功于声誉管理的积极作用。

类似的积极作用也体现在销量上。株式会社明治2015年年报显示，第三季度销售额与2014年同期相比上涨了101.6%。“健康产品”形象的塑造使明治巧克力顺利攻克了日本中部地区市场，使该地区销量同比上涨了四倍，带动明治巧克力以23.9%的市场占有率稳居日本巧克力销售排行榜的第一宝座。

总结

明治巧克力巧妙地利用“三高患者数量增加”这一社会热点问题，积极收集信息，打造巧克力“健康食品”的社会形象，改变了巧克力的传统定位。同时，联动产官学力量进行实证研究，通过学术机关及政府官方进行发声，增加了科研结果的说服力，全方位保证了项目的顺利推进。明治巧克力也借此机会打造了联动机制，便于今后联动公司内外的各方力量打造企业声誉。

重新定义国际视角下的声誉管理

声誉管理是企业和组织经营活动的一环，是指提升自己的声誉（指对企业、品牌的评价、信赖等）或者维持、提升、维护品牌价值的所有经营活动。同时，声誉管理也是一个整合、协调企业与品牌各个相关活动的概念，其目的是维护、强化企业和品牌的重要资产——声誉。

近年来，企业经营的基本方针是通过实现企业持续成长及构建稳定、有力的盈利基础等手段，提升企业的社会价值，并通过从经营活动中获得的收益、技术、资产、人才、技术诀窍等经营资源，开发有利于促进就业、纳税、区域经济投资、社会投资的产品和服务，同时也开发并提供有利于实现人类幸福生活的产品和服务。企业及品牌通过以上措施反哺社会，也因此具备了与社会、消费者、客户、员工、区域社会、行政机关等利益相关者共富、共存的可能性，如今“企业和品牌有助于建设更美好的社会”的观念成为主流。

企业的持续成长是反哺社会、造福于民的动力，整个社会和广大利益相关者们都理解这一观点，并期待着这一预言能够实现。

企业和品牌需要最大程度发挥自身的长处，发挥包含着几代人多年努力和投入的品牌力量，提升企业收益，并通过自身努力创造有利于成长的环境，不忘持续构建与社会、利益相关者之间的良好关系。这也是企业实现持续成长的条件之一。假如企业与社会、利益相关者之间存在敌对关系，甚至发生摩擦、冲突，不难想象，企业将很难获得成长机会，实现持续成长更是难上加难。

企业构建与社会、利益相关者之间的良好关系的前提，就是要获得来自社会、利益相关者的好评和信赖。市场营销活动和品牌推广活动承担了企业的创收重任。在市场营销和品牌推广过程中，消费者和市场参与者对企业的信赖或评价极大地影响了公司的收益。假如消费者对企业或品牌的信赖减弱甚至消失，企业通过大笔投入创造出的品牌价值难免会受损。同时，销售额减少、收益低下、股价低迷、人才流失等问题也会浮出水面，企业将很难实现持续成长。

消费者、利益相关者对于企业和品牌的评价、信赖，就是我们所说的企业声誉。通过企业声誉，我们可以辨别企业和品牌的社会活动及成果能否为社会及利益相关者们接受并得到积极评价。

企业为了构建信赖，获得好评，一般都需要付出大量的时间和金钱，而信赖崩塌往往发生在转瞬之间。危机管理活动是经营策略的一环。为了不让过去的投资和努力付诸东流，企业需要正确实施危机管理。危机爆发时，企业需将品牌及声誉的损失控制在最小范围内，通过诚信、灵活的危机管理活动和声誉管理活动，早日恢复利益相关者对企业和品牌的信赖感。

企业和品牌通过日常沟通交流活动，向社会及利益相关者传递相关信息，并为提升声誉和信赖感而不懈努力。我们在担心利益相关者间爆发利害冲突，社会分崩离析的同时，也不能忽视消费者和利益相关者对于品牌的批判观点。如今，社会网络服务（Social Networking Service，SNS）社区加大了对于企业和品牌的监管及批判，因此通过品牌推广活动及市场营销活动维护和管理企业声誉已是难上加难。

声誉管理的流程，从明确第三方对企业和品牌的评价开始。企业和品牌应掌握社会各阶层和诸多利益相关者对品牌的观点，掌握让企业声名显赫抑或臭名昭著的因素，理解自身的长处和短处，通过和标杆企业及品牌的对比，客观评价自身的声誉情况。

企业需解决暴露出来的问题，制定声誉提升的目标，根据目标设计可实施的方法，并将方法文字化、可视化。

在实施声誉管理的过程中掌握来自第三方的最新评价，并加以补充和修改，是十分重要的。声誉管理是连续的企业经营活动，企业应定期掌握来自外界的最新评价。

声誉管理是一个整合、协调企业与品牌各个相关活动的过程，经营部门也应该跟踪监测日常沟通交流活动所传递出的企业及品牌的相关信息、内容甚至具体场景，并随时进行补充和改善。

【声誉管理小贴士】

企业的全球声誉管理日趋重要

克里斯是全球品牌声誉管理专家，菊地彰夫是原电通公关董事、我的日本本部老前辈。虽然英日中三国的国情、语言不同，但是因为有声誉管理的共同话题，我们的沟通非常顺畅。

克里斯在企业内负责品牌全球声誉管理，我对他的写作请求是既要有理论，又要有他认为的国际成功案例，但对选取的案例并未设限。华为注重当地政府关系的案例发人深省。克里斯结合实践强调了除消费者以外员工、政府、供应商等利益相关者的重要性。不同企业、不同国家的时代文化背景不同，利益相关者优先顺序也不同。

电通公关打造3D声誉管理的基本思路中包括流程。我在埃森哲做过的流程管理派上了用场。咨询行业也曾被说成是认知的行业，埃森哲可以定标准，并对它进行流程化管理，为世界500强服务的同时自己也成了世界500强。声誉管理为什么就只能人传人，而不能把好的经验体系化，进行更科学的管理呢?虽然有些人认为声誉管理不是科学，但我认为它也不是纯粹依靠匠人的艺术，书中保留了不同观点，期待读者一起来探讨。

菊地彰夫是十年来我在企业公关领域的导师之一。从2015年初开始专注声誉管理在中国的落地以来，我一直在探讨适合中国市场的公关，于是请他介绍了对中国企业走出去有参考价值的丰田等日本国际企业在声誉管理方面的成功和失败案例。2018 年 5 月 11 日李克强总理参观丰田北海道工厂；2018 年 7 月 19 日《财富》杂志公布 2017 年世界 500 强，丰田成为汽车行业第一，中国所有车企加在一起不如丰田一家利润高；2018 年 10 月 29 日的丰田财报数据显示，全球销量有史以来最高。丰田从全球召回中重生的过程值得学习。

有关丰田 2010 年召回举措的书很多，本书参考了最新公开的信息，尝试从声誉管理的角度，解析领导者及组织内部沟通的重要性，期待为读者带来不同的视角。2015 年菊地推荐我读了原丰田副社长描写召回后提高品质管理的《丰田的自工程完结》，其方法和我 2000 年在埃森哲参与过的流程改善惊人地相似。2010 年丰田遭受全球召回重创后，摒弃了“规模最大”的做法，选择了做超越社会期待“能判断善恶”的企业，结果反而实现了规模最大，名利双收，这与丰田能在公司内部突破常规、不断完善密不可分，更增加了我对丰田经营者的尊敬。

无论是制造业，还是咨询服务行业，向好的榜样学习，把基本流程体系化，让团队更快理解并能为客户提供一定标准的专业声誉管理服务，也是我从丰田和埃森哲学到的宝贵经验，是电通公关不断尝试和完善的核心思想。

借用瑞·达利欧[①] 在新书《债务危机》（*Big Debt Crises*）中提到的：“很多人认为过去发生在不同年代、不同国家的经济危机都

① 瑞·达利欧（Ray Daio），世界最大对冲基金桥水基金创始人、华尔街投资人。其作品《原则》《债务危机》都已由中信出版集团出版。——编者注

是由不同的原因造成的，而我只看到了同样一些事情一次次重复上演。”他用过去日本、美国泡沫衰退重组的经历，与中国过去四十年发展做对比，很有说服力。

我们之所以没有选择最新的热议话题，而是选取历经时间考验，历史上对企业发展产生重大影响并转危为安的案例，也是想找到快速变化中的不变，即使历史会重演，尽量做好规划和最坏的打算，就不会那么惊慌失措了。

宠辱不惊，也就是所谓经营者最需要的定力吧。

第二章

声誉管理在中国：3D 声誉管理

在第一章中，结合典型案例，我们深入了解了在国际视角下的声誉管理理论，对声誉管理的重要性有了初步认知。那么中国声誉管理的现状是什么样的？有必要在中国实施声誉管理吗？在中国展开声誉管理的方法和路径又是怎样的？

基于过去 11 年在中国探索声誉管理的经验，结合日本电通公关本部 58 年的经验，并参考电通集团的方法论，电通公关提出了在中国实施声誉管理的方法——3D 声誉管理模型及其基本思想。本章中，我们将介绍 3D 声誉管理的应用、电通公关 3D 声誉管理的实践成果。

本章的内容来源于电通公关战斗在公关第一线的核心成员的实战经验。

本章要点

在本章中，我们先了解在中国展开声誉管理的必要性，然后介绍 3D 声誉管理模型，之后以实战案例的形式介绍 3D 声誉管理模型的实施。

中国为什么需要声誉管理？

在第一章中，我们深刻体会到，声誉和声誉管理对企业、组织和个人都有着重要的意义。一系列国际案例也说明，声誉一旦受损，就无法简单用经济指标衡量，需要花巨大的代价去挽回。我们也看到，现代商业社会中，成功企业长期以来在保护声誉、打造声誉方面的努力。

改革开放以来，中国的学者、企业家开始熟知并广泛应用西方经济学理论和市场营销体系与方法。各种先进的品牌经营理论也给市场带来蓬勃生机。中国的营销人、市场人在长期围绕品牌构建声誉体系的过程中，取得辉煌成果，大批中国优秀企业实现了走向世界的梦想，更在全球范围内树立起中国制造、中国“智”造的盛名。

政治经济环境与舆论环境的巨变，推动营销和传播行业的变革

随着中国社会的飞速发展和进步，特别是移动互联网时代的到来，一系列挑战，正在推动着中国社会重新建设声誉。

改革开放以来，中国的政经环境发生了重大变化。中国已经成为全球第二大经济体。社会生产力的巨大提升、社会经济体系从制度到结构的深刻变化，带来的社会、经济、市场、消费的变化，让人目不暇接，这些变化也在最基本的市场经济行为中显现出来。最直接的赢得市场和消费者的手段，不再是简单粗暴的“喊得响”了，无论是企业、组织和个人，还是具体到产品、服务，想快速打造知名度和赢得客户变得越来越难。随着中国走向世界，融入世界，我们需要面对全球协作环境，更要面对各个充满“个性”的区域及国家市场，伴随着巨大的空间和机遇，还有更多让中国企业应接不暇的新情况、新问题。

在局部问题、个例问题上，国际环境与国内环境也在更深入地融合。

日趋复杂、发展迅速的政经环境，让营销人所熟悉和依赖的市场体系开始崩塌。传统的依靠单向传播、单向影响去构筑品牌影响力的做法，早已无法充分满足现今社会的需求。

快速失控的舆情，呼唤营销和传播行业的变革

技术推动的社会变革，也带来了舆情话语权的变革。我国不是最早进入互联网、移动互联网时代的，却是移动互联网应用最为丰富和广泛的市场之一。技术进步带给大众的便利体现在生活的各个方面，全民拥抱互联网颠覆了大众对传统商业模式的理解，互联网新商业模式层出不穷。传统媒体话语权随着互联网社交媒体、新闻资讯媒体的快速发展，正从媒体精英表达向大众意见表达转化。

在舆情环境、舆情话语权发生巨变的同时，营销行业的从业者和相关人士也深刻感受到当前舆情传播系统的强大威力。由于大数据的兴起，某些可以精准判断用户个性需求进行个性推送类的平台，已经成为舆论导向的主流。过去传统媒体时代的人工分发（编辑、记者等），已经发展成大数据精准推送、精准传播以及社交圈子爆发式传播的复杂矩阵。

社会话题的源头也从以往的传统媒体，变为每一个人。公关危机的发生，可能只是源于某个人的一句简单的吐槽。更值得关注的是，随着传统媒体的衰落，大批优秀的媒体人——他们是优秀的内容创造者——进入自媒体，他们更懂得如何有效地表达自己的观点，更懂得如何吸引读者。他们从固定的架构中走出来，被卷入更大的舆论浪潮中，很多已经成为舆论的引导者，甚至从后台走到前台，成为公众明星和强有力的舆论引导者。

面对爆炸性增长且具有更多可能性的沟通节点，之前营销圈

特别是公关行业赖以生存的“媒体关系”以及相关的方法论和系统，如今也土崩瓦解。

这种新情况可能让整个营销圈都不知所措，我们既往定义的负面信息此起彼伏，让人应接不暇，甚至看似无害的一条微博就可以掀起轩然大波。好事不出门，坏事传千里，在当今的舆论环境和信息传播条件下，让整个营销圈提心吊胆的负面信息可能会在极短的时间内演变成一场公关危机。整个营销圈在“按下葫芦浮起瓢”的现实中寝食难安，我们熟知的铁律——快速响应，快速处理——在当下早已让我们疲于奔命。

无论从哪个角度来看，营销和传播行业，都需要一场思维上的变革。

多变的声誉环境更需抓关键——利益相关者

我们曾为某国际消费品品牌来自十几个国家的危机管理负责人做过培训，在分析了近 3 年中国危机管理的政府、媒体等社会大环境变化，以及该品牌所处的产品品牌经营的声誉小环境变化之后，提出了声誉管理防患于未然的必要性。以某产品的全球召回为例，企业展开了对利益相关者的讨论，有趣的是，重要利益相关者大多相似，但各国的优先顺序不同。以中美日三国代表为例，前三位利益相关者的对比结果是：第一位相同，都是客户即消费者，第二位及之后的排位就完全不同了。排名第二位的，中国是政府，美国是内部员工，日本是媒体。排名第三位的，中国是媒体，美国是合作伙伴，日本也是合作伙伴（指百货店等）。中美日三国对重点媒体的看法完全不同，参会者们纷纷表示，以前主要关注消费者，对员工等其他利益相关者的沟通考虑不够周全。和核心利益相关者建立长期的信任关系，在电通公关被叫作“建友军”。

我们需要在变化中寻找人性需求中的不变——信任。

3D 声誉管理的概念与核心思想

多年来，电通公关一直致力于帮助客户在利益相关者之间传播企业战略的可信度和可行性，提升利益相关者对企业的评价，从而达到打通经营、品牌、产品三个维度的企业目标。我们不断在实践中摸索和总结经验，并成功应用于危机应对及其后的声誉修复，获得了客户的高度评价。但是，也常常有“好了伤疤忘了疼”的状况发生，中国公关从业人员流动率高，对个人专业及经验的依赖性高，团队频繁换人导致经验不能传承等现象时有发生。

电通公关对声誉管理的定义

企业声誉是指企业的客户、投资者、观察者等利益相关者，根据客观信息和主观经验，针对企业的产品和服务、企业和员工形象、企业社会责任等，做出的总体评价。

企业声誉由企业的知名度、美誉度和信任度构成。知名度是指大众对企业的意识程度和能见程度，美誉度是指大众对企业的好感程度和口碑传播程度，信任度是指大众对企业的接受程度和依赖程度。

电通公关的 3D 声誉管理的范畴更广，包括企业、公众人物、产品品牌的声誉管理（之后简称品牌声誉管理）。不同阶段经营者关注的焦点不同，其业务范围也不同。

3D 声誉管理的核心内容——“黄金三角形”

3D 声誉管理是从经营、品牌、产品三个维度，分别与利益相关者展开沟通和对话。这里的经营、品牌、产品，构成了 3D 声誉管理从思考到诊断再到议题设定，最终落实到声誉构建的整个链条的基础，它们的关系如图 2–1 所示。它们共同构成了 3D 声誉管理设计对话、防御、立体沟通的“黄金三角形”。

3D 声誉管理的根基，首先是对话对声誉负责的经营者，了解他们在不同阶段的公众沟通需求，站在经营者的角度去解决企业品牌或产品品牌及企业家个人品牌声誉面临的问题，我们称之为高层沟通（Top Communication）。声誉一旦受损，常常会直接影响到业务开展。真正对品牌的长期声誉负责，同时又关心声誉建设的，非企业、组织的经营者莫属。要展开声誉管理，首先要从解决他们的实际需求出发。这也是 3D 声誉管理在实践过程中的出发点，更是落到实效的关键。

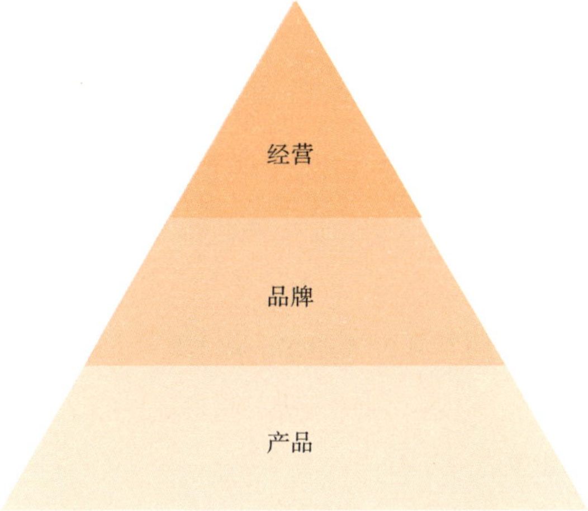

图 2–1　3D 声誉管理的“黄金三角形”

为了对话经营者，我们需要具备能够和经营者对话的能力和素质，观察和学习经营者的思维和需求，站在经营者身旁，尝试用他们关注的视角去了解对外沟通的需求，例如，经营、研发、生产、销售、未来发展等。在不同阶段，重要的利益相关者及相应的沟通方式也不同：新品上市时，通过媒体发布会迅速传播产品卖点，获取消费者广泛关注，促进销售；想进行新一轮融资时，对投资人演讲，用三分钟讲故事；出现质量问题时，需要及时和质检机构沟通事实真相和改善措施；扩展事业时，需要引起大学生关注，通过校园招聘等吸收优秀人才等。这些行为和沟通也直接影响到对方对品牌的印象和口碑。

好声誉不仅具有商业价值，更具有社会价值。对企业来说，产品作为与用户最终的接触点，不仅仅是消费者功能需求的实现，更是企业经营理念到企业经营行动的直接反映，也是构成品牌声誉的重要部分。

3D 声誉管理是一个主动设计对话、攻守并进、长期经营的过程

3D 声誉管理与常规公关相比，最大的不同在于，3D 声誉管理是一个主动设计对话、攻守并进、长期经营的过程。具体而言，3D 声誉管理主要有以下特征。

找对人，说对话，才能有的放矢

在品牌声誉受损时，人们最能深刻体会到声誉的重要性，但 3D 声誉管理并非只是危机后的被动应对之举。解决这一问题的根本，在于主动出击，设定声誉建设的目标并实施长期建设和动态管理，进而实现深度沟通，与利益相关者形成良性关系，构筑他们的良性认知，将他们发展为我们的同盟者。

针对危机和负面舆论，我们应主动盘查风险点，实施对危机的管理，做到防患于未然。

我们和经营者探讨声誉管理时，通常会用愿景倒推的方式，先明确 3~5 年符合品牌发展的长期声誉目标，再分解短期的利益相关者，有策略地逐步实施，构建良性健康的声誉体系，使声誉

能够推动企业、组织乃至个人经营的开展。

攻守并进

3D 声誉管理的另一个核心思想是主动的积极对话和危机防范并行进行，即“攻守并进”。在声誉管理执行过程中，通过风险评估工具提前判断风险并制定应对策略及内容；在危机管理的过程中，不忘后期或双管齐下的主动舆论引导，通过与利益相关者的沟通主动出击，做到防患于未然。但这并不是说有了 3D 声誉管理，品牌经营者就能高枕无忧了，而是提醒他们在得意时不忘风险意识，在遭遇危机时，沉着冷静，有备无患，转危为机。

PDCA 不断升级

3D 声誉管理模型是一个从聆听沟通对象到分析判断，设定积极发声的议题、主动防御的对话，再评价复盘的闭环。解决经营者需求和企业、组织与个人声誉建设和声誉管理的过程，是一个螺旋上升的过程。在这个过程中，我们首先会主动设定声誉管理的目标，通过与利益相关者的沟通不断完善声誉体系。同时在每一次循环中，无论是大到周期性的声誉建设，还是小到一个具体项目的实施，我们都需要用 PDCA 的方法检验结果与目标的偏差，并在下一个循环中进行修正。

在我们的业务实践中，某快速消费品集团客户在 2015 年负面问题缠身，几无“盟友”。经过三年时间的不懈努力，这家集团实现了声誉管理的大反转，甚至推动了其股票价格的上涨，从中可以深刻感受到声誉管理是个长期动态的过程的特性（见图 2–2）。

图 2–2　某快速消费品牌集团客户声誉管理周期

3D 声誉管理系统与标准化操作步骤

3D 声誉管理系统是电通公关自主开发、历经实践并独具价值的品牌声誉管理系统，是从经营、品牌、产品三个维度出发，设计对话，攻守并进，实现与利益相关者线上线下精准对话的 PDCA 闭环（见图 2–3）。

① Factbook，直译为“事实手册”。3D 声誉管理系统中的 Factbook 中的内容并不是固化的，而是根据实际需要不断 PDCA 进行升级，所涉及的范围也因为服务于声誉管理而更加广泛，也更加有针对性。Factbook 的制作与应用在后续章节中将详细介绍。——编者注

② “247”即每天 24 小时，连续 7 天的不间断的监测活动。——编者注

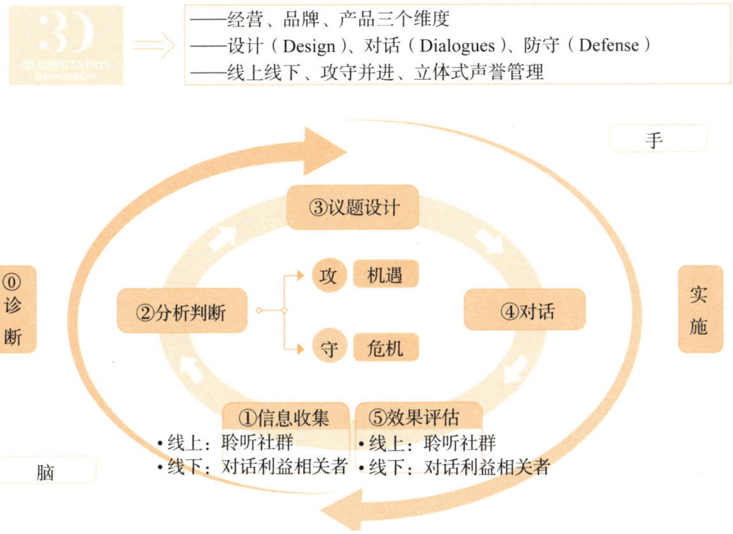

图 2–3 电通公关 3D 声誉管理系统

声誉管理的精髓在于手脑并用地“准确决策和执行”，进而影响专家、媒体、意见领袖（KOL）等友军，“对话”带动消费者口碑进而影响企业的财务表现和股东收益。

经营者是企业的决策者，承担着企业声誉管理的职责。我们在进行声誉管理时要保持经营者思维，找准经营者需求，从经营到品牌，再到产品，设计与各利益相关方的对话，攻守并进。声誉管理涉及的利益相关者众多，不同阶段的沟通对象的优先顺序不同，沟通的内容也不同。如何做判断，如何设计对话，如何验证和调整，一系列的问题都可以通过 3D 声誉管理系统进行管理和 PDCA，不断优化，提升企业声誉。

管理体系看似复杂，但万变不离其宗。我们先从标准化模型设计的角度对3D声誉管理系统进行说明。

Step ⓪：诊断

了解经营者在声誉方面的需求之后，我们将首先展开诊断。就像中医的望闻问切，查询病根，而非西医的头疼治头，脚痛医脚。

Step ①：信息收集

信息收集是3D声誉管理的第一步，是进行客户诊断的基础。我们应从线下和线上聆听利益相关者的真实声音。

Step ②：分析判断

基于诊断和信息收集，判断符合目标的对话方、对话方式及优先顺序，分解任务。在面对危机的紧急关头，经营者30分钟内做出决策是常态。

Step ③：议题设计

设计对话对象感兴趣的话题，既包括积极对外传播容易掀起社会热议的话题，也包括不宜对外公开的证据；既可是与社交媒体的即时对话，又可以是持续数年的公益话题。

Step ④：对话

在前面的步骤中我们可以解决找什么样的人、说什么样的话以及应该遵循的沟通优先级的问题。那谁去沟通？沟通渠道是什么？在 3D 声誉管理系统的理论体系中，我们的对话首先就是“找对的人，说对的话”。

Step ⑤：效果评估

说的内容是否起到了效果，是否与预期相符？是否找对了人，说对了话？评估的指标既有定量的关键绩效指标（KPI），也有对应特殊需求的定性目标。

3D 声誉管理实施方法

诊断阶段：借用外脑，查宏微观

在落实需求之后，我们将首先展开诊断。诊断阶段最核心的工作，是完成信息收集、分析判断工作，并提出议题设定的建议。在这个过程中，我们也需要甄别并梳理友军，建立基础的信息体系——Factbook。诊断完成后，要么客户更加明确了需求，要么我们判断客户在该阶段并不需要马上展开声誉管理，诊断便告一段落。

诊断的形式和遵循的手法有很多，需要根据客户的需求和痛点做定制化设计。甚至有时帮助经营者发现痛点的根源，成了诊断的重要内容。最直接有效的方式是声誉管理顾问与经营者直接沟通，通过体系化的咨询了解企业声誉的现状及威胁，明确课题及需求。当声誉管理顾问与经营者很难达到深度沟通时，工作坊是诊断中一个比较行之有效的方法。除此之外，也可以通过参加经营层内部会议来梳理课题，也可通过 KOL 或媒体等利益相关者参加的座谈会、沙龙来了解公众认知以及声誉的现状及课题。目的不同，条件不同，方式和方法也需要根据实际情况进行调整。接下来我们会通过 2C（对消费者）的 A 企业和 2B（对企业）的 B 企业的案例来具体解析。

诊断方法

3D 声誉管理的关键之一是“找对的人，说对的话”。这是贯穿声誉管理全过程的核心思想。诊断环节就是在解决“找什么样的人，说什么样的话”的问题。

“对的人”都有谁？“对的话”又从何而来？到底什么才是“对的”，标准是什么？这一切，首先源于诊断。系统地完成前期诊断工作，确认到底该和谁说话，说什么，也就是 3D 中的一个 D：Design（设计诊断方式），才能有的放矢。

诊断目的——了解经营者需求

想要了解经营者的需求，就要从内部环境、外部环境以及利益相关者三个方面着手。

把握内部环境

通常情况下，经营者在谈到自己面临的困难时会先从内部小环境的角度出发。比如，受到了负面信息的困扰，觉得目前的传播做得不够好，内部沟通存在问题，出现危机时缺少“笔杆子”，等等。

很多时候声誉管理更多需要从内部着眼、发力，内部存在的问题更容易被忽视。所谓内部环境，不仅仅包括我们耳熟能详的品牌、研发、制造、销售，还包括企业发展战略、企业领导人的魅力与形象塑造、企业竞争力、企业对社会责任履行的态度与行动等。

我们在面对声誉管理的时候，最常考虑的是企业的品牌力和核心竞争力层面。但在 3D 声誉管理的思想与理论体系中，只考虑企业形象、品牌形象如何，企业的竞争力是不是一直在提升等，还远远不够。

我们常常忽视企业领导人声誉与企业声誉的关系（包括形象的建设）及企业通过履行社会责任而形成的各种关系，这些都是企业“人格化”的直接体现。

在全新的媒体环境、舆论环境和社会信息传播环境下，接地气的领导人及其掌舵的企业，往往更能获得社会和市场的喜爱和认可。雷军的一句“你好吗？”（Are you OK？）只是在印度的一场发布会上的开场白，却迅速蹿红成为当时的网络热句。但有时企业领导人一句无心的话，虽然背后各自的逻辑不同，却可能被“断章取义”，招致骂声一片，成为企业声誉灾难的源头。

把握外部环境

无论出于什么样的目的展开声誉管理，外部环境都是需要重点考虑的要素之一。通常企业一提到外部环境会先考虑媒体、消费者和大众对自己的评价。外部环境也需要以体系化的思维去了解，进而达到声誉管理的长期目标。

国家的政治、政策以及经济环境如何，国际环境如何，特别是国家提出的 3~5 年要扶植的产业、国家即将或已经推出的行业准入政策、国家的金融政策等，都会对企业未来的发展产生直接影响，这些都是最高管理者需要时时关心的问题。

比如“一带一路”倡议的提出，对贸易、交通、建筑、金融、旅游、文化乃至科技等众多行业，都有着重要的意义。在深层次的思考中，我们总可以在国家提出的大方向上找到更多机遇和方向。

对于走进来或走出去的国际化企业来说，国际环境也不可忽视，比如中日关系、东南亚局势等，牵一发而动全身，国家关系的变化引发的民族情绪，最终都会导致商业上的动荡。

除此之外，市场环境的变化、消费者需求和消费习惯的变化、社会的进步、行业的发展、竞争对手的策略，也都是我们需要全面思考的关键因素。

从微观角度来讲，企业、组织或者个人所面临的声誉问题，特别是负面信息的传播，都是起源于局部市场的特定外部角色。比如产品召回事件，往往发源于政府部门的检查和限制禁令，也发源于消费者的维权等行为。

定义利益相关者

前面我们着重介绍过利益相关者的概念。在 3D 声誉管理的起始阶段，清晰准确地定义利益相关者，是重中之重。落实与谁沟通是确定声誉管理行动的关键环节之一。

除了前面提到的常规的利益相关者之外，我们在多数情况下还会明确针对媒体、KOL 进行沟通，也会针对政府进一步明确到具体哪个或哪类部门。企业的合作伙伴、渠道等，多数也会成为重点沟通的利益相关者。

诊断流程

在 3D 声誉管理中，诊断和分析通常是联系在一起的，而且在很多时候，客户的需求在诊断和分析之后即告完成。例如客户咨询声誉管理的可能性，寻求声誉管理的初步建议和方案等。诊断和分析，是 3D 声誉管理的关键，主要由声誉管理顾问带领完成，是更能体现我们对客户价值的环节。

诊断一般要经历三个阶段。

了解客户情况

我们以客户的工作简报为基础，首先完成基础的研究（做功课），并与媒体、专家等做初步沟通，主要是为了了解基本情况，以便与客户就需求展开新一轮的对话。

我们会与客户进行一轮深度对谈，明确梳理客户的需求。这个过程围绕诊断的三个目的——把握内部环境、把握外部环境、定义利益相关者来展开。

制定诊断策略

制定诊断策略是诊断的核心环节。在这里我们首先要区分两种情况，即客户的目标和需求是否足够清晰，是否能够实施 3D 声誉管理的下一步——议题设定。

通常情况下，客户无法提供我们制定声誉管理策略和方案的足够信息，或者虽然信息很多，但目标过多，不能聚焦，需求不清晰，尤其在不同层级的人参与时，上下层需求有可能不统一，或完全相反。

此时，我们就要借用短时间能高效实现目标的重要工具——工作坊，将信息收集、明确需求以及重要结论输出，集中高效完成。

如果客户的需求足够明确，也能够提供足够的信息，我们就直接展开诊断和分析工作，并提出声誉管理的相关建议。

产出诊断结果

这一模块主要产出三大关键工具：Factbook、友军清单以及诊断报告，即声誉管理的初步建议与规划。3D 声誉管理模型中需要明确的对谁说（Who，即友军清单和利益相关者清单）、如何对话（Who to Who）以及说什么（What）得到初步解决。如图 2–4 所示。

诊断有方：基础市场营销思想与方法的运用

与传统公关根据客户要求发稿或做活动时需要的核心信息不同，3D 声誉管理系统常用到的诊断理论工具有“PEST”“SWOT”“1M3C”“TA+4P”理论，等等。

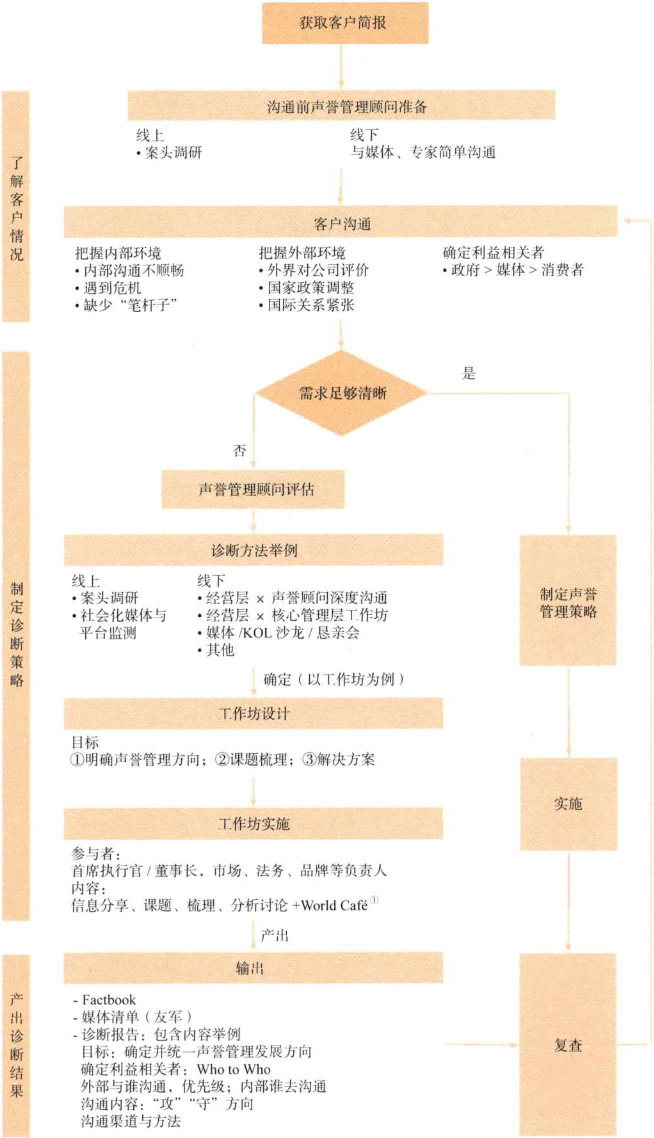

图 2–4　诊断流程图举例

---

① World Café，是一种用对话解决问题，找到方案的学习形式，是一套形成共识的会议流程。——编者注

● PEST：对 Politics（政治）、Economy（经济）、Society（社会）、Technology（技术）的宏观环境分析。在从诊断分析到结果输出的过程中，外部环境的特性和变化趋势，都是影响企业行为、解决方案实施的方向乃至未来布局的因素。

● SWOT：对 Strengths（优势）、Weaknesses（劣势）、Opportunities（机会）、Threats（威胁）的态势分析法，它是深度剖析内部以及内外部关系的法宝。

● 1M3C：结合宏观和微观角度，分析 Marketing（市场）、Company（公司）、Customer（消费者）、Competitor（竞争者）四个要素之间的联系，确定利害关系。

● TA+4P：即 Target（目标）和我们熟知的 4P［产品（Product）、价格（Price）、渠道（Place）、促销（Promotion）］。在战术层面的核心，主要输出“局部”的具体细节，进而推导实施的细则。需要强调的是，这里要和宏观的诊断与分析相结合。

转守为攻：A 企业诊断案例

A 企业是一家涉及投资、快速消费品等多领域的跨国集团。近期，A 企业有点烦。其生产的一款主力产品被曝有质量隐患，但实际上，它完全是背了其他国家所在公司的锅。虽然 A 企业有着完备的品牌和市场营销部门，但是面对负面信息，应对起来还是显得苍白无力。它希望找到一家“强力”的公司，能够一劳永逸地随时平息事端，协助处理危机并且帮助其建立更强的危机应对体系。

电通公关在慎重评估了 A 企业的需求之后，决定将以“守”为主的危机应对业务模式进行“升级”，为 A 企业建立起“攻守并进”的声誉管理体系。

在提案会议上，A 企业的高层表现出深深的焦虑感。我们通过一连串的提问，让参会的 A 企业高层打开了话匣子。这时，我们才真正了解到，A 企业虽然体系完整，但是缺乏危机管理的方法。它在行业内虽有影响力，但是出事后落井下石的居多。这次的负面危机本只是背锅，但是被消费者投诉后便成了燎原之火。我们运用 3D 声誉管理系统中常用的工作方法和思路，提出了此次时间周期过于局促的问题，同时给出了我们如何化解危机，高效搭建危机管理体系的方法。

一直被动挨打、应对吃力的状态让 A 企业叫苦连天却毫无办法，如今在我们合理提出“攻守并进”的方案后，破天荒地集齐 A 企业所有大中华区的高层领导者，开展一场全天的工作坊，期待能有突破性的产出。

接下来，便开始了为期一个月的紧张的工作坊的前期筹备工作。

问诊先“号脉”：诊断前的功课

在这个阶段，我们通过线上调研、舆情监测、线下访谈等多种形式完成了这样几件核心工作：

（1）根据最初需求深度沟通，梳理清楚 A 企业的需求；

（2）对 A 企业和其所处行业进行基础研究；

（3）开启前期信息收集工作，为后续的初步诊断做准备；

（4）设定工作坊的核心内容；

（5）完成工作坊的初步设计方案。

因为前期已经进行了部分针对企业高层的深度沟通，在这一阶段，为了理清企业的需求，确定工作方向，我们需要着重对 A 企业和所处行业进行研究，以及开展其他信息收集工作。

要完成前期工作坊的设计，我们需要初步掌握市场、品牌、竞品、顾客及代理商等的基本信息。

通过前期的分析，我们初步掌握了 A 企业的基本情况。从市场的宏观角度而言，中国社会进入新时期，经济增速放缓，无论是产品制造还是投资回报，都受大势所累，加之互联网时代来临，转型升级势在必行。而 A 企业对当前媒体环境的巨变并不适应，在对外沟通和传播的过程中，使用的手段仍然很传统。

基于这样的判断，我们在设计工作坊的时候，确定了核心议题和内容，从 A 企业的沟通体系、机制升级、声誉升级三个方面着手。同时，我们邀请了国外同行业的危机管理专家、国内消费者协会专家、法律专家、媒介管理专家等，前来参与工作坊，针对 A 企业的现状给予建议。

与此同时，我们也对与 A 企业相关的媒体进行了访谈，也调研了小部分 A 企业的客户。客户普遍对 A 企业的产品表示满意，同时也表示 A 企业的品牌形象是非常积极正面的。这说明 A 企业以往的品牌塑造是比较成功的，客户只是对于 A 企业此次危机事件抱有疑虑和不安。

经过一个月的准备工作，某个周末我们带着提案与 A 企业进行了第一次筹备沟通。在这次沟通中，除确定工作坊的执行细节之外，我们提出全体高管和涉及危机管理体系的员工必须全天参加此次工作坊，其中包括大中华区总经理、3 位资深副总经理，公关部、品牌部、法务部等核心部门负责人共计 20 余人。

望闻问切话声誉

万事俱备，“临门一脚”终于到来。汇聚 A 企业经营层和专家的工作坊如期举行。

首先，我们将与会者分为三组，大家针对 A 企业现状和课题进行观点陈述及讨论，并分组发表。现场的每张桌子上都铺着一张大白纸，同时还提供了好多花花绿绿的即时贴和彩色马克笔。每一课题的讨论被限定在 30 分钟之内。每个成员首先需要针对讨论的主题，在即时贴上写出关键词，每张即时贴上只许写 1 个关键词，每人限 3 个。然后组员将自己写的关键词贴在大白纸上。之后每个组员需要对自己提出的关键词进行解释，引导者也在这个过程中进行相应的补充与进一步的信息输入。在大家都阐述完自己的观点之后，组员一起动手将之前的即时贴进行归类，并和组长一起通过在大白纸上绘制图表的方式，对观点进行归纳整理，形成结论。之后的讨论环节，都按照这样的方法进行操作。

（1）引导者在听讨论的过程中，可以在遇到问题的时候引导，但是不能给意见。

（2）每组配一个助理，辅助讨论，帮助可视化和提醒时间等。

在这个模块中，我们的主要问题着眼于三个方面：外部认知、声誉环境变化及内部可能面临的危机隐患。

外部认知又被分为传统沟通部分和非传统沟通部分，对这两个部分分别进行讨论与陈述。这个话题由第一组进行深度讨论与分享，传统沟通部分包括建立企业公关宣传机制和如何传播企业经营理念及企业愿景等内容。非传统沟通部分则包括在自媒体上，存在竞争对手的蓄意抹黑或个别人为网络谣言问题，以及在社交媒体上，存在消费者对品牌的认知不足问题，情感沟通不够问题。

声誉环境变化的内容由第二组讨论。讨论内容包含政治因素，特别是亚太和全球区域经济局势对企业产生的影响，以及环境和消费者意识的改变。这里面环境污染严重是大家共同关注的话题，特别在消费者的健康意识逐渐增强的情况下，产品安全问题已经不局限在产品本身。

接下来，大家一致认为危机事件的背后推手来自竞争对手和产业机构。针对媒体关系和公关危机，A 企业内部需要设立持续且专门的组织机构。这两个话题让会场的气氛瞬间高涨起来，与会者特别从官方和民意角度帮助内部做决策方面，涌现出诸多创意和想法。关于媒体的讨论输出了两个核心观点：一是媒体本身缺乏足够的信息，要理解媒体的状态，了解媒体在意的报道角度；二是要针对与媒体关系的长期性经营采取措施。

企业社会责任的推进和在危机事件处理中的作用也是重点话题。企业社会责任的坚持与食品安全紧密结合是这次工作坊最重要的结论。三年之后，A 企业沿着声誉管理的轨道，正式和国家一同推动了一项全国性的大型公益活动。面对危机事件时，企业如何创造事件主题让消费者转移注意力，也成为重要的战略之一。其后确定的三年三步走规划如今已经落地，让 A 企业彻底摆脱了被动应对危机的困局。

第三组的讨论则围绕内部因素展开。与会者都认识到在公司治理方面，内部信息透明化、企业核心理念、员工对企业的信任度、各部门协调、应对法务能力等都有可能成为公关危机。

在接下来的第二模块中，国际国内的专家们开始分享和提出建议。两位国际危机管理专家对实战案例进行了分析，主要向与会者介绍了全球危机管理方面的先进理念、知识和经验，还着重表达了对供应链风险的担忧。

产品安全专家通过真实案例分享，和与会者讨论了初期响应在危机应对中的重要性和初期响应的迟缓和失败会带来哪些后果，指出初期响应的关键是迅速、精准的判断与“健全”的决策。

接下来，法律专家对行业新动向，消协专家对企业管理方面给予了近补、中防、远攻的建议。

最后大家基于以上内容，又分组对如何建立企业声誉管理机制进行了探讨。

新起点，新征程

最后，与会人员形成了共识，包括 A 企业三年声誉管理规划以及危机管理体系建设的方法。

虽然树立企业形象并非声誉管理的直接目标，但无论是声誉管理的哪一个环节，都脱不开企业的“基本面”。这里面包括企业的利益相关者，以及面对他们，企业需要展现怎样的形象，通过什么样的话题进行沟通。这次工作坊是 A 企业第一次完整清晰地定义声誉管理，及声誉建设过程中的关键沟通对象。

一天的工作坊，理清了困扰 A 企业多时的两大难题，找到了解决方向。一周之后，一份翔实的工作坊总结与后续工作建议摆在了 A 企业董事长的桌面上。

除了工作坊总结报告，Factbook 的梳理、友军清单以及应对负面危机用的声明、Q&A 也已经完成，并按照工作坊上确定的危机管理流程和规范下发。

B 企业诊断案例

接到需求

2017 年刚入秋，电通公关就收到了一家互联网企业 B 的竞标邀请。这是一家快速成长的企业，正面临 B 轮融资，希望通过对自身品牌的升级，快速进行 LOGO（标识）升级，以利于融资。

而这个任务有个苛刻的期限：一个月内完成。

几家大传播公司也收到了邀请，都跃跃欲试。这样一个不可能的任务，我们是该迎难而上还是临阵退缩？

咨询式提案

9 月底，我们参与了 B 企业的提案会。在提案会当天，B 企业便决定由电通公关来“操刀”。其他竞争者都是按常规做法提案，严格来说，我们与 B 企业的沟通，甚至不能算作一次提案，其实只是一次仅仅不到 1 小时的咨询会议。

那么，电通公关到底用了怎样的方法，一击即中的呢？

在“提案”前，我们了解到 B 企业的董事长和总经理会亲自参加，判断其需求比较迫切。如果对客户所处的新型创业公司不了解，轻易出牌就很难击中痛点，所以我们并没有准备 PPT（演示文稿）资料，而是通过现场咨询式“提问”，在了解了 B 企业的需求及其背后真正的原因后，指出它更急需解决的课题及短期高效的解决方法。我们深信，在深入了解 B 企业特别是 B 企业高管的真实需求之前，依靠盲人摸象而形成的建议、提案，不会收到应有的效果。因此，我们用对董事长提问和引导的方式，基于 3D 声誉管理的思维及方法，从“黄金三角形”的角度，与参加提案会的 B 企业的经营层进行了深度的沟通，帮助 B 企业清晰地梳理了它真正需要解决的课题。

原来，B 企业正面临自身品牌升级的需求现状，希望快速设计新的 LOGO 并在市场上亮相，争取融资机会。然而，LOGO 只是品牌重要的标识，品牌标识要用什么样的形式去呈现？首先，需要明确品牌升级的方向是什么，品牌新的定位是什么，品牌需要向受众传达的信息是什么？比如，LOGO 设计的调整升级不能仅仅是因为企业要从低端市场进军高端市场，所以就提出“将 LOGO 设计成‘高大上’的风格”这样的要求，但“高大上”并不能完全阐释清楚品牌想要传达的信息。作为快速发展的互联网企业，频繁调整自己的品牌定位和标识，存在很大的风险，应做到既要快速完成，又要保证品牌的延续性。所以品牌升级的目标一定要符合企业长期的发展目标和经营方针，而完成品牌的升级也绝不仅仅是更换一个 LOGO 那么简单。

只要领导目标清晰，速度和质量可以两全

我们帮助 B 企业梳理了他们一直困惑的问题，B 企业也非

常认可电通公关的“黄金三角形”思维以及对应的解决方案，同意先从经营和品牌层面着手，确定真正需要解决的课题后再制订目标。我们不希望为了做而做，快速赶出一个不能持续使用的LOGO，影响品牌的发展。但企业的需求又很迫切，需要在一个月之内确定新的LOGO。

稍微熟悉品牌与市场营销行业的人都知道，这几乎是不可能完成的任务。一般来讲，基于专业品牌咨询公司的严谨做法，仅仅是协助B企业梳理品牌、确定形象，时间开销就将大大“超支”。传统的品牌升级、品牌重塑工作，包含前期的品牌调研，之后的品牌诊断、品牌体系设计，再到与客户的深度沟通、讨论、确定品牌体系，最后才是品牌体系的导入，这一套“组合拳”下来，少则半年，更有持续1~2年时间的。单单是前期的品牌调研，通常就需要一个月以上。

想在B企业要求的一个月之内见成效，老思路、老方法、步步为营的“阵地战”显然对互联网创新企业无法发挥作用，因此我们反客为主，从品牌管理和声誉管理的角度，与B企业进行了探讨，并且提出了我们的解决方案。

考虑到B企业的实际情况，想要在一个月内解决问题，我们提出了三个条件：

（1）如果企业能提供下面这张清单（见表2–1）上的内容的话，我们就可以节省大部分的调研时间，专心于资料的消化、补助调研、课题梳理以及工作坊的筹备。

表 2–1　B 企业需准备的材料清单

提供资料	内容
市场方面	目前行业市场调查报告
	B 企业目前发展及定位
	B 企业未来发展计划
品牌与产品方面	B 企业相关资料介绍。品牌创立的文化背景、企业精神、品牌理念等
	产品及服务相关资料介绍。产品质量、种类、功能、设计、颜色；产品价格、渠道、促销
	B 企业的危机管理规范与危机管理的组织架构
顾客方面	理想客户类型分析等相关资料
	营销客户和沟通的客户
	以往顾客反馈信息的汇总报告等
	媒体沟通环境
竞品方面	关于竞争对手的相关资料（目标受众、产品特点、价格、促销手段等）
LOGO、VI（视觉设计）方面	现 LOGO 及 VI 相关原文件及含义，所有宣传册
其他	内部员工培训手册等

（2）一周后的工作坊，需要 B 企业的核心决策成员全员全程参加，高效沟通，统一认知，共同决策，避免决策结果的反复。

（3）请公司的董事长、总经理、各部门（市场部、产品部、销售部、运营部等）负责人，在工作坊中分享关于经营战略、市场及品牌战略、消费者洞察等方面的内容，统一公司中高层的认知。

在这些前提条件满足的情况下，我们可以尝试用一个月的时间，用一天工作坊、两次见面会帮助 B 企业完成新 LOGO 的设计，并给出一些关于企业长期经营战略的方向以及品牌策略规划的建议，以期既满足 B 企业短期内急需的要求，又符合其长期的战略发展方向，最终找到一个相对圆满的解决方案。能看得出来，在互联网行业颇有名气的董事长有想法而且很着急，几乎是当场拍板，确定了一周后的工作坊。

林间工作坊

这次的工作坊是在户外举行。之所以选择户外，是为了营造一个轻松的环境，有助于大家的思考和讨论。首先是破冰游戏环节，为什么要在最开始设置这样的环节？因为刚开始大家会放不开，容易尴尬，没有相互的沟通，上下层级的界限无法打破。开场游戏是让大家放松、降低沟通成本的有效方式。

进入分享环节后，先请 B 企业的三位核心成员董事长、总经理及市场部经理分别分享关于市场发展及定位、品牌理念、目标顾客、竞争对手等方面的内容，在全部的分享结束后，我们形成了大致统一的认知，并根据三位核心成员对应的身份特质进行了分组。所以我们将在场的人员分为三组：

第一组是愿景（Vision），包括 5 年的发展目标及方向，企业的融资需求，企业的核心优势及需要优化改善的现状。董事长是负责公司长远发展的人，能对这个板块贡献的内容也最多，所以他必须参加这一组的讨论。第二组是品牌（Branding），对品牌未来走向、产品价格及核心价值进行探讨。总经理是负责该板块相关的内容和方向的，所以总经理参加该组的讨论。第三组是目标受众

（Target），讨论理想受众、现有客户和潜在客户、投资人喜好等内容，由最了解这部分内容的市场部经理带领组员讨论。

我们第一轮进行了30分钟的讨论。为了让大家能够群策群力，每个成员都能对三个方向发表自己的想法，贡献自己的力量。第二轮使用了World Café的形式。组长不变，其他成员进行轮换补充，最后由各小组发表讨论成果。

在此过程中发现，大家讨论的内容和每个人接收到的信息是有差距的，每个人最后的结论都不太一样，这就是沟通漏斗的问题。这个时候引导者就要目标非常明确，在出现信息差距的过程当中不断去引导大家发现问题，解决问题。每一轮发表结论后，董事长都进行了补充，并且不断地复盘、调整、磨合概念，最终达到统一认知。

下午的时间，我们就把目标集中在LOGO的产出规则上。我们梳理了他们对LOGO的偏好，引导大家自己得出结论。然后让他们自己描绘出公司能为理想用户提供的核心功能上的价值和情感上的价值，及对LOGO的含义进行说明等。

因为每个人对风格的理解和描述都不一样，所以我们在讨论的过程当中让大家背对背用便签纸写出来，并同步在网站上检索大量的示例，让大家去挑选自己认为的，比如“高品质”“活泼”这类形容词对应的状态。我们明确了风格和规则，也是为了后续工作的准确和高效。

一天的工作坊，从早上9点到下午5点，大家一直都能保持情绪激昂的状态，不断参与讨论。从一开始不太了解，到互相了解，到参与讨论，到发现问题，再到看到解决问题的方向……最后董事长表态，决定了大家都认可的方向。

之后的两周，我们的工作就是利用这一天长达 8 个小时的工作坊得出的庞杂的信息，从中找到方向和核心内容，再使用品牌策略及声誉管理的方法论和经验，去帮助 B 企业提出品牌升级的策略建议，并且用两周的时间完成 VI 升级的成果产出。

B 企业对于这两个方向的结果都非常满意。LOGO 设计出来之后，立刻更新替换在了所有平台和广告的展示中。在项目结束两个多月后，B 企业经营者又单独找到我们，向电通公关表达了感谢，感谢我们帮助他们梳理的品牌升级策略，并表示他们到现在还在用，时不时地翻看这些内容，根据标准去执行。

C 企业诊断案例

一切从信任的联结开始

2018 年感恩节前夕，电通公关《声誉为王——创造信任的联结》新书沙龙分享会如期举行。电通公关邀请了许多业界同行、媒体朋友、集团同事、客户及合作伙伴一起参加。在新书沙龙上海场，就来了一位新朋友——C 企业的董事长。

新书沙龙现场关于跨国企业在海外的声誉管理以及声誉管理如何在中国的落地等分享内容深深地打动了他。C 企业是一家非常知名的海外企业，其产品线也很丰富。但是长期以来，C 企业还一直徘徊在中国市场之外，在中国市场，它还默默无闻。

新书沙龙之后，C 企业主动联系我们，其董事长希望亲自飞来北京专程拜访。新书沙龙牵起一份新的缘分。

“联结世界，成就你我”是电通公关的价值观和愿景。也正是这种信念让电通公关不断地创造联结的机会，新书沙龙不仅仅是为这本新书做 PR，更是希望为大家搭建一个交流的平台，借助声誉管理和声誉建设的探讨，相互了解，成就你我。

站在客户立场的专业研究

企业主动找上门来，通常因为有公关咨询方面的迫切需求。而电通公关首先会思考，企业真正的需求是什么？

C 企业是一家 2018 年刚刚进入中国市场的外资公司，目前在中国还没有正式销售产品。本着帮助企业、互相成就的心态，电通公关希望能为 C 企业提供实质问题。为了解 C 企业的基础现状，我们首先进行了简单调研。

常规的操作通常会结合线上信息收集与研究和线下深度访谈与调研。此次研究的内容就包括 C 企业的经营状况（特别是在中国市场的发展情况）、经营理念、企业的核心竞争力、竞争对手、用户体验等方面内容。由于 C 企业所在行业的特殊性，受到各国政府及群众的监督与关注，所以我们考虑了更多的利益相关者，如政府监管机构、渠道及合作伙伴、工厂社区等。同时，处于日渐复杂的国际政治和经济环境中，外资企业倍受外交关系的影响，外资企业如何适应中国社会的舆情等因素也需要考虑进去。

在线下，我们咨询了行业垂直类媒体、财经类媒体和生活方式类媒体等，它们从品牌及产品认知度，对 C 企业在中国的传播提出了建议。行业垂直类和生活方式类媒体是 C 企业的海外产品主要涉及的范围。而财经媒体更着重于公司经营及业绩方面的思考，提出了与全社会共创价值的观点，建议C企业尽早着手和中国共同成长的企业社会责任相关规划。

在了解了这些背景和调研信息的前提下，我们结合3D声誉管理诊断流程进行了简单的综合分析，梳理声誉管理课题，并对客户的需求有了初步的判断。

互相成就，方能长久

两个星期后，C企业董事长如约而至。

在一个小时的会谈中，我们首先将对C企业的初步分析以及对其需求的判断做了阐述，而对方也进一步展开说明C企业的实际情况。

虽然见面前做了简单的调研，但我们不可能比客户更了解他们自己的品牌、产品和未来发展方向。大多数时候，和经营者沟通，先听后说，通过面对面的交流才能达到相互了解的状态。也只有通过深度交流，更加地了解企业，我们才能提出专业性的建议方向和解决方案。

在交流中，我们发现，C企业并不适合展开大规模的正面声誉管理。因而我们建议C企业先从熟悉中国市场，了解中国市场和舆情开始声誉的建设。我们可为决策者定制轻量版的掌上舆情管理平台，优先掌握舆情和舆论导向。

电通公关正在服务数个与C企业所处行业类似，社会和市场环境相同的客户。对于找上门来的企业，向它们兜售公关方案并不困难。而且，董事长也提到企业社会责任是他的企业未来展开声誉管理，实现与利益相关者充分沟通的重点领域。考虑到C企业初入中国市场，目前在中国还没有生产和销售产品，缺乏传播素材，也不会产生销售转化，贸然展开声誉管理的“攻”，效果甚微。

声誉管理的攻守并进，需要以能够和利益相关者沟通的事实作为基础。从目前的情况看，C 企业网络上的负面信息大多来自国外代购的产品，且声量不大，不具有向大的危机发展的可能性，所以 C 企业暂时还没有面临声誉危机的风险，以预防为主即可。因此，“守”的层面，先从掌握中国舆情特征入手。

先有经营，才有声誉。优先经营发展规划，明确消费者目标及行业、社区、政府等利益相关者的优先顺序，再建友军，做声誉管理也不迟。因此，我们建议 C 企业可从 CSR/CSV[①] 的角度出发，和合作方研发产品，并提供了电通公关的相关策略规划供 C 企业做参考。

在我们看来，企业高层的来访并非意味着一定要敲定生意，如果不符合企业发展的阶段性需求，就算成了一单，也难成就长期的合作。我们更希望以帮助企业和成就企业的方式，与企业共同成长。因而电通公关选择从企业的角度出发，创造联结的机会，达成相互之间的理解，逐步建立信任，等待能成就彼此的契机。

执行阶段：设计对话，攻守并进

一旦企业明确意愿并且也具备相应的条件，我们就会协助它

① CSR 即企业社会责任，CSV 即创造共享价值。——编者注

们快速落实 3D 声誉管理团队及体系的建设。在这个阶段，每一个声誉管理的“分解动作”，例如单个项目的实施，也都是按照 3D 声誉管理的模型，形成一个五步走的闭环。与此同时，友军的建设也并行展开。

大部分企业的需求，在诊断步骤中就已经明确。诊断完成之后，它们将拥有声誉管理对象、攻和守的沟通内容、基于策略的基本 Factbook 及建友军的定制方法。有时它们会根据我们的建议，着手搭建自己的友军体系。

这一阶段更多会用到 3D 声誉管理模型中从议题设定到对话再到效果评估的闭环，也同样遵循对话经营者、攻守并进的思想，去执行哪怕一个发布会、一次专项传播、一次负面处理等最基础的工作。有为期一天的护卫队的闭环，也有为期三年的长期议题。

Step ①：信息收集

信息收集的目的是把握企业内外部环境、确定利益相关者，并且同步将这些信息输出到 Factbook 及友军清单中，为后续积累对话素材。

其中，Factbook 是声誉管理体系的基础。简而言之，Factbook 是一整套基本信息体系、标准话术与沟通方向的集合。Factbook 的制作、使用都需要以客户或组织的高层为核心输出并确认。Factbook 是后续诊断、议题设定、攻守并进的出发点。

和以往我们为企业准备的“标准话术”体系、“核心信息”体系不同，Factbook 并非固定、一成不变的，从 Factbook 的内容和用途来看，这一点也很好理解。在“和平年代”，Factbook 也应按月或根据企业经营的周期定时更新，在企业发生重大的经营、品牌变化及产品上市、退市等情况下，也需要及时更新。

Factbook 的梳理针对经营、品牌、产品三个维度展开，并针对各利益相关者制定沟通策略。

友军的定义最开始定位为 PEST 领域的业界专家和 KOL。建立友军的初始目的是希望他们在紧要关头可以为品牌站队，在相互了解和信任的基础上，在企业出现危机时，代表各个业界帮助企业发声，或者适时提醒，给出专业性建议等。随着友军体系的逐渐完善，其价值也更加多样化。对 Step ①的流程解析请参照图 2–5。

在与客户沟通了解企业面临的课题方向之后，首先梳理出相关媒体平台、关键字、特定事件或人物，通过线上聆听社群，线下对话利益相关者，双管齐下，达到信息收集的目的。这其中有几个关键节点：

● 我们面对什么样的声誉问题？——了解企业面临的课题

收集信息时，我们需先确切了解舆情或者要进行的工作，客观现状是什么，同时也要通过深入沟通，深刻理解企业、组织、客户的需求，确定要解决的问题、解决问题的方向。这是信息收集阶段的基础，也是整个 3D 声誉管理系统能否收到成效的基础所在。所谓千里之行，始于足下，如果在出发时就选错了方向，最后的结果很可能就是南辕北辙。

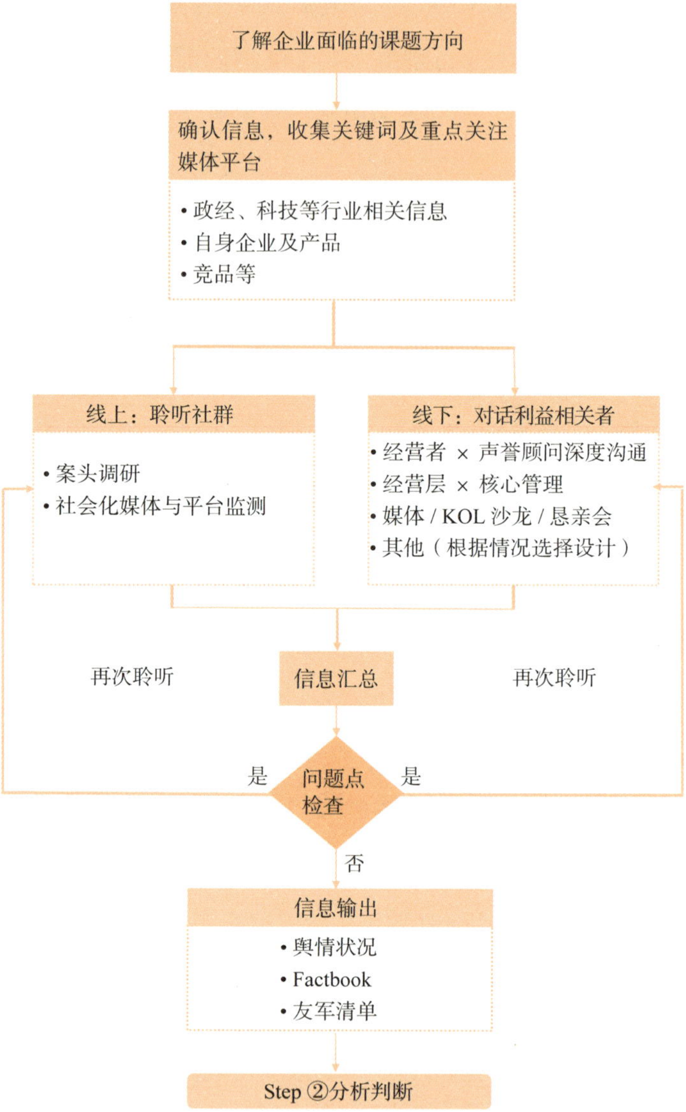

图 2–5　Step ①信息收集流程图解

● 我们收集哪类问题？在哪里收集？——确认信息收集关键词和重点关注媒体平台

在这一步骤中，我们的方法与传统公关一致，就是通过定量定性的方式，借助信息收集的各种来源、各种平台，先充分获取足量的信息，进而对信息进行筛选、对数字进行清洗，得出相应的正面或负面的舆论分析。

● 听，还要会听——线上的聆听社群及线下的利益相关者对话

如果单看图 2–5 中的阐释，读者可能会感觉，这一步骤和传统的“市场调研”“舆情调研”并无差别。实际上，3D 声誉管理系统中，有一个非常关键的核心动作：听，听社群在表达什么，听利益相关者在表达什么，提炼要点以用于将来有针对性的对话。这和我们传统意义上的所谓“舆情”以及相应的分析是完全不同的。

听这个动作，是一个有目的、有针对性的过程。首先，整体而言，听是需要抛开杂念的，需要我们不带任何主观判断和情绪，放下对沟通对象的既有认知和成见，才能获得声誉管理需要的关键信息。其次，听并不是兼收并蓄，我们在前面已经定义了要解决的课题，清晰的方向决定了听是围绕特定课题展开，需要着眼实效，也就是从听的过程中需要准确收集到足够的能够确认问题点的信息。最后，线下的深度对话，我们选择的是以利益相关者为主进行对话。与我们通常所做的线下调研不同的是，利益相关者在与我们进行客观对话和沟通时，还会给我们对应的建议。这些建议是非常宝贵的，也将是 3D 声誉管理系统后续步骤中应用的

重要信息和情报。

听的过程还是一个持续 PDCA 的过程，也是一个闭环过程。在信息收集的过程中，我们首先要判断是否已经发现了所有的问题点，同时要判断是否要持续聆听。无论何种结果，这一过程首先就是带着目的的闭环。

●信息收集之后做什么？——依托 3D 声誉管理系统的基本工具输出结果

信息收集的最后，是输出 Factbook、舆情情况分析以及友军清单。其中：

舆情情况分析和传统意义上的媒体调研、舆情调研报告在主体内容上类似，但因为实施过程中是面向课题的，并且将汇集利益相关者提供的部分信息，同时也会应用部分电通公关的自有方法论，因此所包含的内容会更丰富，指向性会更强。

友军清单也是 3D 声誉管理不可缺失的环节。此处的友军清单是电通公关根据现实情况提出的客观建议。在更深入的 3D 声誉管理过程中，我们会和客户一同定义匹配客户需求的友军清单，并和客户一同开展建设和维护的工作。

Step ②：分析判断

在这一阶段，电通公关声誉顾问及外部行业专家（视具体情况选择参加与否）对 Step ①结论进行分析，为客户提出专业的建议及策略。通过与客户进行探讨，共同判断哪些方面可能是企业声誉提升的机会，需要去“攻”，哪些方面可能是企业的潜在风险，需要去“守”。在 Step ①产出的友军清单中分别确定“攻”和“守”方向的沟通对象，在 Factbook 中分别提取用于与他们沟通的对话素材，进而进入 Step ③议题设定的阶段。通过“攻”的策略将“机”用于声誉提升，通过“守”的策略将“危”扼杀在摇篮中，攻守并进，防患于未然。

在 Step ②中，会议通常使用工作坊的形式来进行。工作坊不同于一般的会议，它是一种抛开身份、地位，用不同手段打破现代社会的各种沟通桎梏，从而形成深度沟通交流的活动，也是准确获取和确定企业真实需求、精准决策的重要保障。对 Step ②的流程解析如图 2–6 所示。

在会议中，电通公关通常是组织者，更是引导者，需要通过科学的手段推动沟通过程的进行，更重要的是帮助参与各方客观、完整地表达自己的观点，进而透过繁杂的现象，让参与各方辨别出真正的现实问题，确定需求，形成声誉管理所需的结论。

客户则是会议中重要的一方。客户首先要敞开心扉接纳参与的其他两方，以对待伙伴的平等放松的心态参与其中，更重要的是，客户是会议基本信息的主要提供者，也是会议结论的主要输出者。这是分析判断阶段的会议与传统的“客户—代理商”角色结构的会议最大的不同点。

顾问在整个过程中，负责大部分各种关键信息输入，引导参与各方提供有价值的信息。在工作坊中，还会有分组讨论分别输出不同课题结论的环节，顾问还需要在讨论环节中，引导讨论的进程，分别对各小组的讨论进行指导。

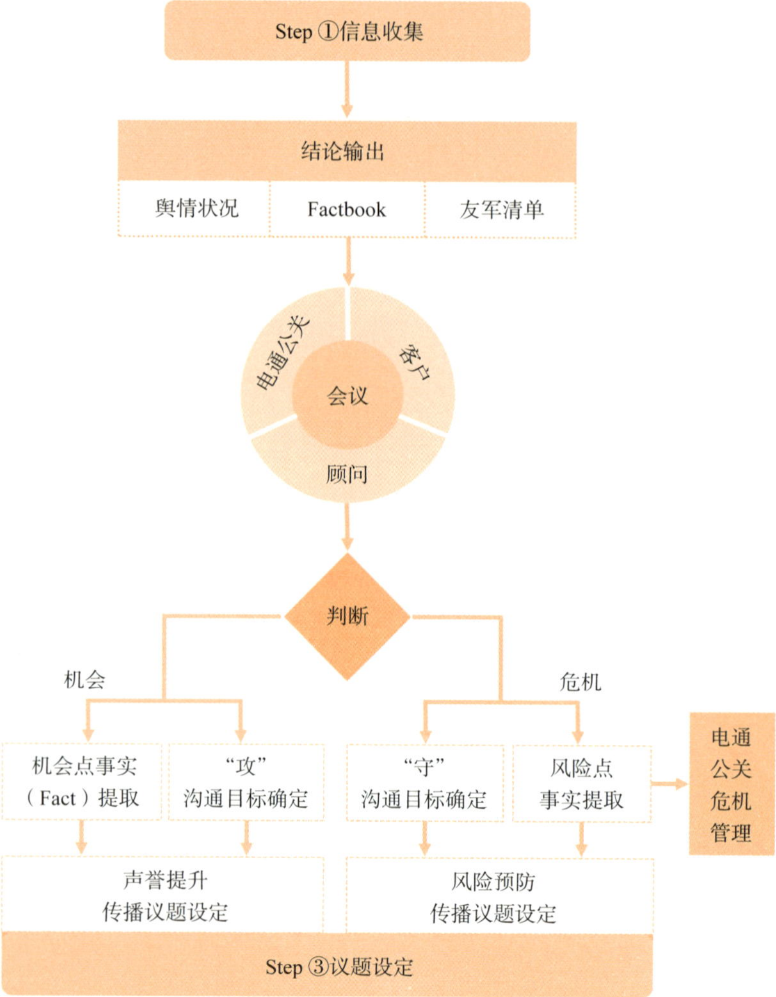

图 2–6　Step ②分析判断流程图解

Step ③：议题设定

在 3D 声誉管理系统和实践中，我们需要与受众展开真正的沟通，即双向互动，是对话，而非单向的信息推送。

电通公关在议题设定的过程中严格遵循品牌（包含组织、个人）—大众—媒体（广义上的沟通介质）的联动原则，也就是议题设定的根本，在于满足这三方面的需求。

虽然这并不是什么新的理论，其核心思想在多年的公关行业发展中或多或少地总被提及，但在现实中，业内在设定议题的时候通常都是从企业的需要出发（也仅仅是它们想说什么），寻找到媒体能接受的“点”，实施的也是单向的传播，这一过程很少考虑受众需要什么。真的能够做到从议题设定之初就抱着与受众沟通的态度，并将这一方法坚持落地的，则少之又少。

3D 声誉管理中，攻守兼备是核心思想和原则。对声誉的主动管理中，以 Factbook 为出发点，依靠友军和社会化议题的一整套打造方法，我们能够有效引导社会舆情，实现对声誉管理过程的主动掌控。

如何打造一个社会化议题？《孙膑兵法 · 月战》中说“天时、地利、人和，三者不得，虽胜有殃”。成就一件事，天时、地利、人和为三个必要因素，缺一不可。议题策划方法论如图 2–7 所示。

在议题设定时，天时并不是指这件事发生到底是好是坏，而是这个时候是否适合做这件事，就是我们常说的紧贴社会热点，或者贴合受众心理的“甜点”“痛点”。

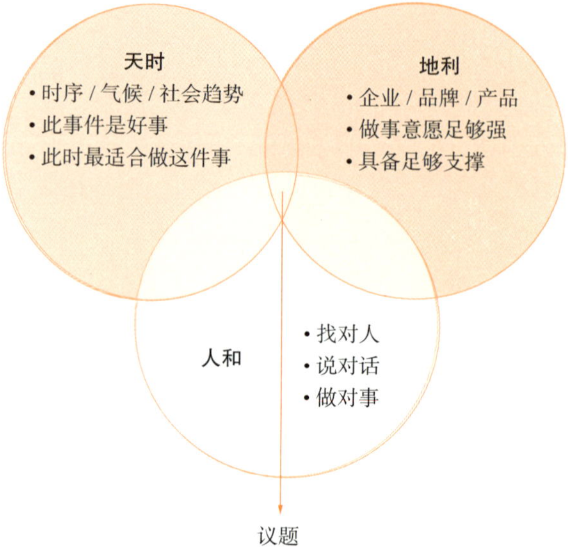

图 2–7　议题策划方法论

地利是指，在这个时候做这件事，本身意愿足够强，而且有足够的支撑，符合舆论环境和做这件事的目的。实际上它是品牌的表现，也可以说是品牌厚度的积累，正因为有这样的理念和目标，所以才会做相应的事情。按照传统的解释，这里的地利，就是价值主张。这里可以是“我有什么”，也可以是“我主张什么”。

人和，即找对的人，说对的话，做对的事。

苹果公司在 2017 年找知名导演陈可辛拍摄了一条短片，名为《三分钟》，讲述的是一名铁路工作者也是一位妈妈和她的孩子只能靠列车到站短暂的三分钟见面的故事。春节团聚艰难，这条短片戳中了很多人的泪点。这就是成功运用了天时、地利、人和的例子。

天时、地利、人和之外，我们在打造社会化议题的时候，还会使用电通公关的一系列成熟的方法论。

这里延伸出另外一个问题：喊话 vs 对话。议题设定的核心，在于和受众特别是利益相关者展开对话。这和传统思维中的“传播”工作是有本质差别的。前面我们讲过，如今的舆论环境已经不是单单靠“声量高”的喊话就可以搞定一切的。在 3D 声誉管理系统的模型和方法论中，我们的沟通对象也在利益相关者中精确定义，请永远相信你的受众和你一样聪明，请放低自己的姿态，诚恳地、积极地与你的受众们展开对话吧！

Step ④：对话

在 3D 声誉管理系统的理论体系中，我们的对话（见图 2–8）首先就是“找对的人，说对的话”。这里包含两层含义，一层是找到需要沟通的利益相关者，并通过分析他们的特性，结合他们与企业、沟通渠道共同的利益点、价值点去设定议题，也即“说对的话”；另一层是“找对的人”，就是我们、客户组织和资源体系中不同的人，负责对话不同的利益相关者。

其次，就是要形成对话。对话的形式并不限于传统思维中的公关传播，在传播之外，我们还会通过恳亲会（类似常规的媒体联谊）等形式实现线上线下的立体沟通体系，我们更关注受众即利益相关者的反馈，并就反馈进一步加深沟通和对话。

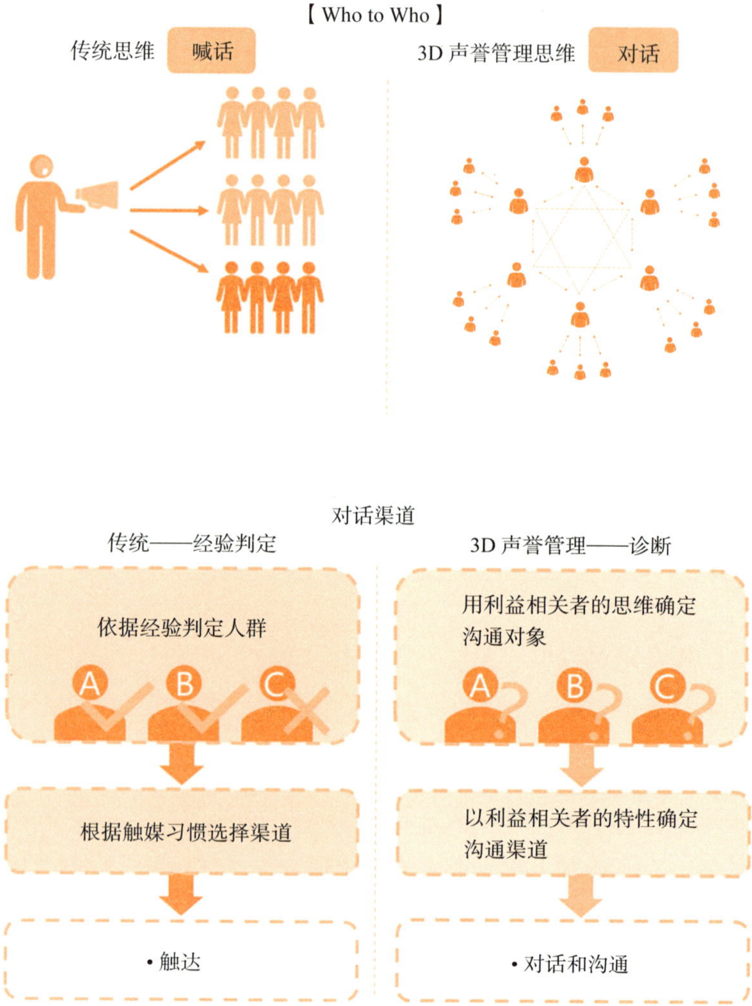

图 2–8　3D 声誉管理下的对话

Step ⑤：效果评估

Step ⑤中仍然通过聆听社群和线下利益相关者对话的手法来进行评估，所以循环起来 Step ①和 Step ⑤是通过类似的方式达到不同的目的。对一个新客户而言，始于 Step ①，循环到 Step ⑤。对于长期服务的客户来说，不断进行 PDCA，使同样一波操作具有信息收集与效果追踪的双重意义。

KPI 评估还有很多工具可以使用，我们根据不同客户的实际情况进行量身定制，在这里就不进行详细的阐释了。关于具体工具的介绍和使用说明请参考附录 1。

实践案例：从“午夜惊魂”到声誉大逆转

2016 年 4 月，电通公关长期服务的 A 企业正处于危机不断、焦头烂额的时期。那时公关行业应对危机还只是被动应对，面对如此频繁的负面情况甚至公关危机，我们也苦不堪言。

时至今日，A 企业实现了声誉大逆转，正面声量超过 80%，其发展也随着声誉的提升而欣欣向荣。这背后是一支“护卫队”和 3D 声誉管理“攻守并进”策略的长期实施。

让老板不再午夜惊魂

一家企业，谁最关心声誉问题？不是品牌负责人，不是公关负责人，而是这家企业的老板。

当时 A 企业老板最关心的话题便是频繁出现的负面信息。如果能解决这个难题，对于老板来说，意味着不必每天在凌晨惊醒，焦虑地翻看社交平台上的种种信息。

老板这种焦虑也牵连了下面更多的管理团队和公关团队，团队的压力可想而知。这就是当时A企业最强烈的需求，就是让我们不惜代价，全力以赴地从根本上解决负面报道的问题。

也就在那时，电通公关的3D声誉管理系统也开始走向成熟。经过深思熟虑，我们向A企业提出了依靠KOL，建立攻守并进的声誉管理体系的建议，并在后来帮助A企业建立起一支“护卫队”，实现声誉管理的三连跳。

攻守并进，护卫队的真功夫

在解决A企业问题伊始，我们组织了一次通过聚集从A企业董事长到所有实际负责经营方面各个板块负责人的工作坊，确立了攻守并进的声誉管理原则及各部门在声誉管理方面的职责，建立起声誉管理的基本流程，明确了包括政府、监管部门、经销商、媒体、投资者在内的八大利益相关者。这次工作坊还有一项重要决议——立足三年，实现A企业声誉建设的三步走。

这三步走，首先从消费者最为关注的产品安全问题出发，以获得社会的认可，进而完善品牌与消费者的共建共生，最终实现企业表现超越社会期待的目的。

帮助A企业实现三步走的，便是“护卫队”。2016年6月中旬，我们开始搭建队伍，7月1日成立，定名“护卫队”。

这里的护卫队和之前提到的友军不同。护卫队是由我们的核心成员特别是高级顾问人才与统筹执行的管理层，协同 A 企业的经营层、管理层一同构建的。在实际运行中，护卫队通常不超过 10 名成员，都是双方能够快速实现决策、推动执行的人，日常通过微信群等工具保持即时联系，并通过确定的制度，按照每周一次的频率召开会议，对声誉管理的进展进行 PDCA。在发生负面信息扩散、出现危机前兆时，护卫队快速集结，以比以往更加高效的方式沟通决策。

护卫队秘籍一：疏而不漏，“八”面威风

护卫队组建后的第一个任务就是 7（天）×24（小时）不间断地监测网络，收集信息，我们口中常说的“247”由此而来。这样依靠人工不眠不休地全天候监测和收集信息本身工作量很大，成本也高，而且需要轮岗值班。虽然不能跟机器比，但当时我们需要模拟 A 企业老板在平台上可以直接看到的信息，然后存入所有可能检索出负面信息的关键词，这个人工分析和判断的过程是机器不可取代的，而且在前期是必要的。

我们对收集到的信息进行分析判断，把负面信息分为三类：黑公关、真实消费者的吐槽和客户投诉。黑公关就是比较明显的恶意攻击；真实消费者的吐槽也会形成很多负面的声音；客户投诉是客户确实发现了问题，如产品脏污、损坏、配置不全等，通过拍照上传社交网络等方式发声。

这些信息和企业的声誉都有关系，也是 A 企业老板最头疼的问题。此时，护卫队能做的，就是要对信息进行分析剥离，判断

是制止还是疏通，最后做正确引导。

目前护卫队负面信息应对流程是：发现负面信息，先判断是否需要加强关注和处理，再看具体是哪一类型的负面信息。一般来说，如果负面信息的发起方被判断是机器所为，我们就需要去震慑它们。机器背后代表的往往是黑公关，虽然国家严令禁止，但是也比较难用法律手段解决，对很多僵尸粉追根溯源也比较困难。

真实的消费者吐槽相对比较敏感，不能暴露身份也不能轻易出牌，毕竟消费者是老板最看重的利益相关群体，也是企业的直接受众。

消费者投诉的内容也非常重要，对于企业的影响非常大，会真的影响消费者实际体验和企业的市场占有率。如果消费者的使用体验不好，周围的人群都会受到影响，可能永远都不会再次购买企业的产品了。

面对不同的负面信息，护卫队的应对方式也不同。在明确了负面信息的类别之后，我们就要决定采取什么手段去解决。有的要用震慑的方式，强行制止谣言扩散，有的要进行疏通。如果是黑公关谣言，我们会进行人工震慑，并且持续追踪它们。这样的震慑成功率大概是 20%，剩下的 80% 则用不同的方式进行沟通或回复。比如，微博小 V（粉丝相对较少的微博用户）用微博广告合作处理；贴吧和论坛对公沟通撤稿，但沟通成本比较高。如果遇到执意不肯撤稿的，会请 A 企业要求负责广告投放的部门协助撤稿，如果还是失败就只能请法务部门介入了。

如果判断是真实消费者吐槽或者投诉，那处理方式就不能是制止，而是引导。消费者吐槽或者投诉的信息必须认真回复，不能打官腔或者发表无关痛痒的评论，而是要站在消费者的立场上去考虑如何解决问题。同时，需要判断哪些负面信息是消费者坚决不能容忍的。比如，消费者坚决不能接受遭到质疑的产品是使用回收废料做原料的。当遇到这样的声音时，我们需要给消费者做科普，让他们知道企业所做的努力，同时提供第三方权威的质检报告。当然，护卫队需要把这些客观信息放在消费者可以接受的场景和语境中去回复。

总而言之，面对不同情形，我们需要用不同身份和不同信息回应负面事件，我们也因此梳理出来“一个议题八个剧本”的话术库。

我们会用话术库为护卫队的所有人进行培训，让他们知道遇到类似的问题应该如何回复。当然，话术库也在不断地调整和完善，这是护卫队的弹药储备。

护卫队秘籍二：主动出击，与消费者做朋友

我们一直在升级迭代护卫队。一方面是因为国家政策在变，另一方面是因为企业的情况也在变。我们也会考虑，面对新的环境以前的做法是否也需要改善和升级。从 2017 年开始，除了应对负面信息，我们又开发出了一项新功能——正面议题测试。

在做负面信息管理时我们发现，A 企业的舆论现状在一点点改变。和刚接手时清一色的负面信息不同，网络上渐渐出现了一些支持与赞美之声。更难能可贵的是，这些声音都来自真实的消

费者。比如会有消费者在自己的微博上说这款产品很好等。

看到这些利好的趋势，我们主动跟 A 企业要求加入“自来水”分析。“自来水”的官方解释是“免费请来的水军”，实际上他们是真正的消费者，会主动在网络和社交媒体上夸赞企业和产品。

说到底，公关最后也是帮助企业做生意，要做好生意就要了解自己的受众群体是如何评价和看待自己的。但有时企业调研报告的数据也不完全准确，特别是带着一定目的做调研，得出的数据常常就会有偏差。微博上消费者的自主发声是很难提前设定和预判的，但是通过对这些真实声音的采集，我们能够了解消费者各个方面的喜好和倾向性。

既然有了渠道和对象，正面的议题传播自然提上了护卫队的日程，这也是为了锻炼这支队伍的综合能力，让护卫队紧跟 A 企业脚步，用现成的正面素材，加强主要受众认知。

这个正面素材主要来自两部分：短期明线——产品，长期暗线——专案。护卫队模拟的是第三方消费者，我们把正面信息转换成第三方话术，在微博上进行发布测试，看有没有消费者会对这个话题感兴趣。

我们之前考虑做一个孩子使用某产品的议题，在网上讨论如何帮助孩子使用该产品。在话题发出的两三天后，我们会发现有一些消费者会持续跟进这个话题，还会在网上晒出自家孩子的使用图。

企业发布新品时，我们也会用第三方的口吻在网上发布，同样发现有部分消费者会对这个内容感兴趣。

这就是护卫队的第二个功能，从“自来水分析”升级，为正面议题做测试，哪些产品、哪些使用场景和哪些途径是消费者感兴趣的，是他们真正喜欢的。也就是说，可以测试产品哪种形式的传播效果会更好，是否真正被消费者喜爱和认可。

护卫队秘籍三：洞悉“黑洞”

2018 年护卫队还在持续升级，而新方向则围绕着一个关键词——竞品。

在持续攻守并进中我们有两个发现，一是在做竞品调查时，我们发现竞品会故意把 A 企业的品牌名称和一些容易出负面信息的词汇联系在一起，有误导消费者的嫌疑；二是日常我们在发正面文章讲 A 企业的品牌是如何注重质量安全问题的时候，忽略了消费者这部分，给了幕后黑手以可乘之机。

针对这种情况，在我们找出幕后黑手之后，搜索引擎的优化可能是品牌声誉管理的另一个需求，也是护卫队未来升级和发展的方向。

除了针对现在的问题去制订解决方案之外，对竞品的监测和调研本身对于负面应对和正面议题测试来说，都有一定的参考借鉴作用，可以帮助适时调整护卫队运行的闭环。

“护卫”心经一：让客户看到改变才是信任的基石

在做了两个月“自来水”的信息采集和分析后，我们在给 A 企业做半年的汇报总结时，惊喜地发现这些忠实消费者的所在地、家庭构成等不同维度的数据全都呈现出来了。我们把这些有趣且有用的信息反馈给 A 企业后，A 企业非常重视，甚至根据反馈正式策划了产品的市场销售专案。

护卫队实现了帮助经营者与真实消费者的对话，给予 A 企业极大的帮助。护卫队做出的成绩有目共睹，从刚开始接手时基本没有自来水数据，到 2016 年底平均一天 20~30 条，2017 年中期基本能达到每天 50~60 条，再到 2018 年 1 月和 2 月，每天能有 120 条左右的数据。基于此，我们也加入了 A 企业的最高策略智囊团，聚集顶级代理商的机构，每两个月给 A 企业高层分析市场情况并制订下一步计划。

“护卫”心经二：成长依赖于步步为营

经历了常年负面处理和管理的洗礼，我们也形成了自己内部的标准化流程和体系，能够进行事件的判断和分级，提供处理方法和应对建议。

如果遇到新的危机，我们先理清事实，也会组织 A 企业内部的不同部门之间进行沟通，确认产品质量到底有没有问题，有没有第三方权威机构的认证。公关部门有没有第一时间接到消息？有没有媒体问询？相关部门的定调是什么？品质安全保障中心是否可以提供客观事实和专业建议？如果已经被媒体报道，是否需要跟媒体做相应的沟通了解情况？这个过程并不容易，但是在执行的过程中我们先用事实说服 A 企业，针对不同的事件分清主次，有取舍地应对，再征询高层意见。

变被动的危机应对为主动的声誉管理——从主动防御开始

危机管理也是 3D 声誉管理的一部分，比正面议题更需要主动管理，防患于未然。从图 2–9 中，我们可以清晰地了解到电通公关提倡的危机管理与我们传统的危机应对到底有何不同。

危机管理的基本方法

Factbook 之风险分析版

Factbook 是危机管理体系的基础。通俗来讲，Factbook 是一整套基本信息体系、标准话术与沟通方向的集合。Factbook 的制作、使用有以下要求。Factbook 的梳理如表 2–2 所示。

- 以客户或组织的高层为核心输出并确认：在前面介绍过的工作坊中，一个重要的输出文件体系，就是 Factbook。无论是对于整体声誉管理还是对于危机管理，Factbook 都是后续诊断分析、议题设定、攻守并进的出发点。

- 持续更新：Factbook 并非一成不变。在“和平年代”，Factbook 也应按月或根据企业经营的周期定时更新。在企业发生重大的经营、品牌变化，以及产品上市、退市、更迭等情况下，更需要及时更新。

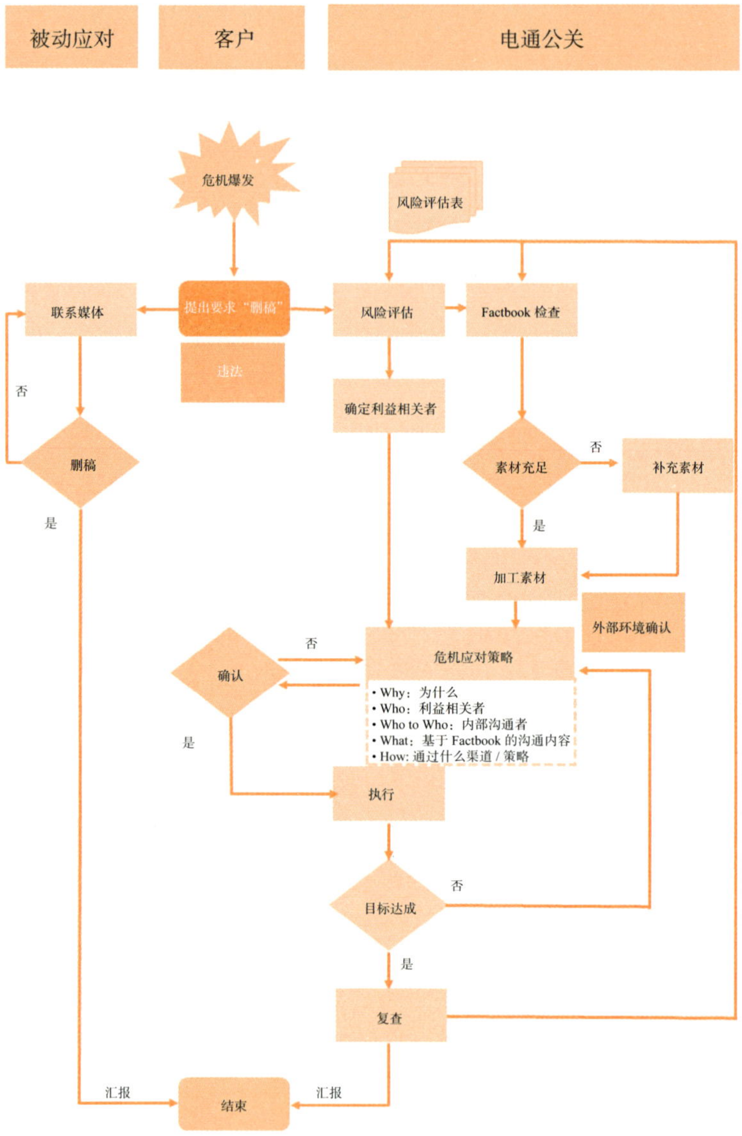

图 2–9　危机应对流程举例

表 2–2　Factbook 的梳理

Factbook									
	项目	内容	利益相关者	攻			守		
				第 1 层	第 2 层	第 3 层	第 1 层	第 2 层	第 3 层
产品	技术领先性		政府机构	√	√				
			员工	√	√	√			
			经销商	√	√				
			媒体	√	√				
			消费者		√	√			
	产品质量缺陷		政府机构				√	√	√
			员工				√	√	√
			经销商				√	√	√
			媒体					√	√
			消费者						√
品牌	绿色公益项目		政府机构	√	√				
			员工	√	√	√			
			经销商	√	√				
			媒体	√	√	√			
			消费者	√	√	√			
经营	召回事件		政府机构	√	√		√	√	√
			员工	√	√	√		√	√
			经销商	√	√			√	√
			媒体		√	√		√	√
			消费者	√	√	√		√	√

- 从经营、品牌、产品三方面对应：3D 声誉管理中沟通模型是围绕经营、品牌、产品形成的信息三角。Factbook 的梳理也由这三个维度展开，并针对三个维度上的利益相关者制定沟通策略。

危机管理的基本工具——“危机三基”

风险评估与声明、Q&A 共同构成“危机三基”。“危机三基”是预防、应对、管理危机的基础工作和工具之一。

风险评估

风险评估主要基于完备的信息输入（收集、整理、访谈等），围绕事件主体的利益相关者，在产品、品牌、经营三个层面上展开。风险评估是 3D 声誉管理中“信息分析判断”阶段的重点工作。

风险评估的目的，是对事件和环境做出全面的评估。在 3D 声誉管理系统中，风险评估主要作为危机防范（防守）后续工作的基础，同时也是后续其他工作（如议题的策划）的出发点。

风险评估工作的原则

充分的信息输入

风险评估需要全局性思维，需要站在 PEST 的宏观层面，也需要根据实际情况对每一个细分项进行列举，对信息的收集、梳理、取舍要站在全局角度充分论证。

客观与深入

对风险的梳理、诊断需要快速响应，也需要全面、客观与深入。在风险评估（诊断）的过程中，需要熟悉事件、事件相关的专业人员（如业务群组的直接负责人、执行人），也需要第三方专家和伙伴的共同参与，以提供客观全面的判断。

快速与动态更新

风险评估需要快速行动、快速输出，同时随着事态的演进，需要不断更新。

规避风险

风险评估工作的输出文件，属于机密，如果泄露出去对品牌声誉也将产生极其严重的影响。故在汇总风险的过程中，应尽可能隐去企业的名称以及一切可能泄露企业身份的内容和表述。

图 2–10 为风险评估表输出流程。

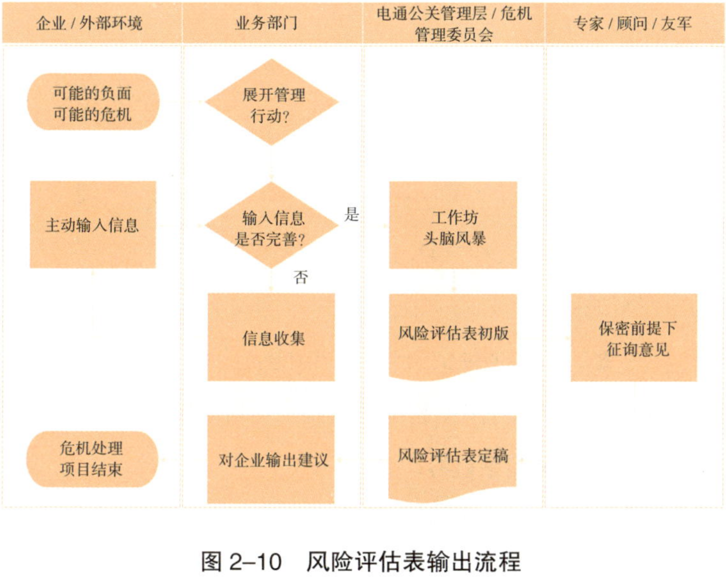

图 2–10　风险评估表输出流程

声明

声明是企业或组织面对潜在或已发生的负面报道、公关危机时重要的应对工具。声明是企业对外公开说明事实真相，表明企业或组织的态度，说明就该事件将采取的行动的官方文档，也是企业或组织内部应对负面报道、公关危机时使用的标准话术的基础。

在企业或组织内部面对潜在或已发生的负面报道、公关危机时，首先通过危机管理委员会进行风险评估与处理策略的决断，在确定需要主动应对的情况下，企业的品牌 / 市场 / 公关部门负责协同公关公司拟定声明，在经过危机管理委员会确认之后，发放使用。

声明文的撰写与定稿

- 声明文是对发生的事情进行说明，表达企业或组织的意见与姿态的文件与工具。
- 声明文是企业单方面传达自己主张的官方文件。声明文的语言表达与内容会带来一定风险，起草声明需要格外谨慎，全面考虑各方面的感受，控制风险发生。声明文需简洁明了地表达自己公司的主张，避免强硬的语气和严厉的表达。
- 基于“5 大要素”（经过、原因、见解、对应手段、防范措施），用 1 张 A4 纸归纳内容。
- 在撰写声明文的时候，需要综合考虑报道的状况与政府发布的信息等。
- 对于跨国客户需要将中文声明翻译为其他语言的时候，要格外注意措辞、表达方式，避免不同语言文字的不同意义带来的衍生问题，防止给已经发生危机的企业或组织的声誉带来更大的麻烦。

● 在风险评估之后，由危机管理委员会确定启动声明文的撰写。撰写完毕，由危机管理委员会确认后，才可在商定范围内应用。

声明的应用方法

● 声明文一经确认，应保存为 PDF（便携式文档格式）文件进行发放，PDF 文件需加密，禁止对文档进行修改。

● 如果存在其他附属的说明文件，要规定使用者的级别限制以及可发布对象的范围。

● 声明文根据应用场合，确定是否提供带 LOGO 版本，并且由危机管理委员会确定是否提供加盖公章的纸质或电子文件。

● 声明文在内部进行共享时，需要在邮件正文中说明使用方式。

● 声明文的对外沟通方式（主动沟通还是被动沟通）由危机管理委员会决定。

● 采用主动沟通方式时，对所有发布对象同时发出声明文。如果不同时发出，可能导致其他部门混乱。发出后，各部门要做好应对准备。

● 如果要通过媒体发布，各部门要配合好发布时间。

● 采用被动沟通方式时，备用声明文由各个部门的责任者保管，仅在被问及时向提问者发出声明文。

● 危机管理委员会指定责任部门决定声明文的发布、刊登时间。

Q&A

Q&A 制作时的两大情况

- 在负面或危机发生前夕，针对可能的情况，预先根据风险评估表，预设可能被外界咨询或质询的问题，并根据危机执行手册、Factbook、标准话术等，拟定回答；
- 在负面或危机发生之后，针对媒体、公众、经销商、合作伙伴等提出的质询或咨询问题来拟定回答。

Q&A 不仅仅只用于应对媒体，在大多数时候，Q&A 的设置应站在面向整个社会及绝大多数利益相关者展开 3D 声誉管理的角度，在公司所有对外部门间统一应用。

Q&A 的制作步骤与流程

第 1 步：以危机管理委员会（若设置）为核心，由品牌 / 市场 / 公关部门协同公关公司或咨询公司制作 Q&A(外文版本 + 中文版本)。

（1）根据报道、社交媒体、公司内部相关部门收集的信息，在声明文的基础上，站在记者的立场制作客观的问题集，或站在更广阔的公众和社会层面，制作问题集。

（2）提供简短回答，中文 100 字以内。

（3）若有必要，就在回答下方添加“参考”。

第 2 步：召开危机管理会议，由危机管理委员会（若设置）主导，财务、技术、法务、公关、战略、客服等部门根据需求参加，探讨 Q 和 A。

（1）要综合考虑企业的品牌理念、企业愿景、企业战略、社会意识、常识、消费者的立场等。合资企业或外资企业还需要考虑中国与其他国家的关系等。

（2）注意内容要简单明了。

（3）要包括对声明文的疑问与回答。

第 3 步：公关部要根据会议结果再次修正 Q&A。

（1）根据危机管理委员会会议最终决定，由品牌 / 市场 / 公关部门协同公关公司或咨询公司修正 Q&A。

（2）Q&A 第二稿完成（外文版本 + 中文版本）。

第 4 步：Q&A 最终版完成（外文版本 + 中文版本）。

（1）由全体与会人员检查外文版翻译的语言表达以及内容的准确性。

（2）确定 Q&A 的应用范围和使用方法。

（3）最终输出 Q&A 的加密 PDF 版本，由危机管理委员会（若设置）指导，品牌 / 市场 / 公关部门在全系统内主导发放并进行使用指导。

第 5 步：准备好能证明 A（答案）的事实依据。

准备回答用的证据数据与资料、第三方机构的资料等，让回答内容更具说服力。

Q&A 的内部共享与运用

- 必要部门之间（由危机管理委员会会议确定）共享完成的 Q&A。

- Q&A 文件属于高度机密文件，Q&A 文件不带任何客户的标识，并要与客户日常使用的公文格式相区别，在明显位置标注“内部机密”等字样。

【声誉管理小贴士】

站在经营者视角，手脑并用，设计对话，攻守并进

常有人问我：“电通公关做什么？能发稿吗？能删稿吗？”我们2018年完成了500多个项目，当然也有发布会、领导专访、写软文发稿等公关常规内容。但不同的是，我们会站在经营者的视角，帮助客户与利益相关者建立和巩固信任，实现公关策略和执行的闭环，这是个长期经营的过程，没有对客户深入的了解、手脑并用的领头人和靠谱的执行团队，是无法实现的。

3D声誉管理，用一句话解释，即设计对话，攻守并进；两句话解释，就加上“经营、品牌、产品的三个维度”；三句话解释，就再加上“线上线下，多渠道3D立体沟通”。

对话就需要有对象，达到目的才是有效的对话。我们曾给某IT企业高层做发布会演讲加媒体问答培训，请高层和公关负责人各自用白纸写下发布会的主要目的和对象。公关负责人说目的是传播，最重要的对象是大众媒体，通过媒体传播推出新服务。我们再追问，然后呢？就再无答案。高层的回答是：最重要的对象是经销商，通过现场的互动，建立和经销商高层的信任，其次是能对经销商产生直接影响的行业媒体。对同一个项目的目标不明确、不统一的例子非常多。

声誉管理的根本目的是建立企业与社会的长期信任，怎么建立？通过找对人，说对话。对话是需要设计的，包括谁跟谁，出

于什么目的，用什么内容、什么渠道沟通。

3D 声誉管理系统说难也难，说简单也简单。企业或个人品牌的利益相关者越多，对话越复杂，越要考虑商业及社会价值。但对话的本质一样，找对人说对话，想清楚目的，用对方愿意接受的方式，才能“动人”（打动人，让人行动）。从成功案例中寻找规律，从自己能发挥好的地方做起，沟通会更有效更简单。

我从事服务行业 23 年，传播行业 16 年，看过太多目的都没搞清楚，或者对象不一致的低效传播案例。做品牌策略的前辈常说广告是科学，是传递给消费者的情书，看似随意的公共关系更缺不了对话的对象，而且目的更复杂，他们就是我们在文中反复提到的利益相关者。

我不喜欢用单方传播这个表达，沟通和对话需要对象，一个巴掌拍不响。不同企业不同阶段的对话对象、优先顺序、对话内容及方式也不尽相同。譬如说，向检查机构汇报与花钱在营销大号发稿，是完全不一样的对话，更别提与媒体、员工、供应商等多个不同利益相关者的对话。根据不同的政治经济等社会大环境，及品牌方自身需求的小环境，对话对象及内容也需要动态调整。

虽然对不同人要说不同的话，但倾听观察、分析判断、设计对话议题、攻守并进的流程仍应遵循。正如书中提到，3D 声誉管理源自企业的需求，我们参考了国内外专家顾问的意见，用了四年时间构建了在中国落地的思维体系，并且在不断升级迭代。

3D 声誉管理的 PDCA 闭环可以是每天，也可以是每月、每年、三年。这也是我们用很大篇幅来解析诊断，针对不同情况对症下药的重要原因。因为攻守并进的执行涉及敏感信息，我们不能公开服务客户的具体案例，这会让读者觉得理论和流程生涩，实战不够落地，和任何方法论一样，没有万人通吃的方法。你可以找你关注的社会舆论，试着用本书的流程，尝试分析对话者和目的，看看是否能达到效果。

2018 年 9 月，我在东京与母校一桥大学商学部市场营销教授沟通时，聊到通过声誉管理建立长期信任的问题，他说："营销的终极目标也是为了和目标受众建立长期的信任。营销传播和声誉管理并不矛盾，能影响长期生意的声誉哪个品牌都需要。"

就像健身私教，可以根据你的个人体质和目标，用专业有效的方法为你定制课程，陪你练习，及时纠错，但能否练就强有力的肌肉还得靠你自己的刻苦练习。有些人天生体质好也很自律，对这样的人，优良的环境和器材就够了。不是所有品牌都需要外部参与，很多成功的企业或个人，或多或少，无意之间就在构建长期信任的声誉管理了。

第三章

企业经营者及公众人物的声誉管理

声誉管理的本质是拉近目标形象和现实形象之间的差距。接下来，我们将会结合案例讲一下如何运用 MYimpact 的理论来缩小这个差距，这也是本章内容的核心。

MYimpact 是电通公关的核心产品之一，也是独有 IP（知识财产），主要由国际顶级演讲导师马丁·纽曼及电通公关 CEO 郑燕打造，是一套针对国际商务领袖影响力的培训体系。“MY”取自两位创始人的姓名首字母 M（Martin）和 Y（Yan），除此之外，也有“我的”之意，中文直译为“我的影响力”，体现“成为更理想的自己”这一重要理念。

本章由郑燕和马丁·纽曼先生执笔。

本章要点

本章简要介绍了 MYimpact 的含义，同时说明为什么经营者需要声誉管理。

通过国际知名企业领导人个人影响力的提升来阐述其与企业声誉管理的关系。

通过美国职业运动明星个人声誉的修复，体现个人声誉（品牌）管理的重要性。

关于 MYimpact

MYimpact 主要是通过演讲提高领导人的个人影响力，以 3V 理论配合专业的练习方法。

MYimpact 是一套向领导者提供关于沟通的技能技巧的方法论，使他们能够提升个人沟通的影响力，特别是控制他们想要创造的气氛。这种方法的应用依靠“3V”——语言（Verbal）、视觉（Visual）和声音（Vocal）的不同效果，以一对一、群组及线上网络的形式进行培训。通过控制使用的词句、肢体语言和语音语调，领导者可以使他们的影响力更强大。

在面对个人声誉管理时，高层领导通常会感到压力很大。他们很容易给人一种高傲、心理防备强甚至有攻击性的印象。这些都是人类被“攻击”时的自然反应。重要的是，MYimpact 可以训练领导人控制这些反应，并营造一种诚实、透明、负责和认真的氛围。MYimpact 通过两种具体方式支持 3D 声誉管理。

对话：MYimpact 方法论可以为高层领导人与媒体、合作伙伴、投资者、客户和员工等一系列利益相关者的对话提供指导和准备。通过 MYimpact，领导人可以控制他们通过这些对话所产生的影响。

经营：对企业的声誉和成功来说，投资经营者的影响力技能与投资品牌和产品一样重要。归根结底，一个组织的最高领导者是品牌的大使和声誉的守护者。他们通过沟通产生的影响力可以保护、增强企业的声誉；反之，如果对个人影响力管理不当，将会影响企业声誉的价值。

经营者为什么需要声誉管理

声誉管理对经营者的价值是什么？经营者为什么要进行声誉管理？

企业经营者既要决定企业长期的发展方向，决定人、财、物的资源分配，也要关心产品销售和利润，其工作十分复杂。维持企业的健康成长是经营者的第一经营目标。

公关所做的工作可能连他们工作范围的 1% 都不到。但一旦面临媒体爆料负面消息，危机公关又成了最紧急和重要的事。面对日新月异、复杂多变的舆论环境，经营者更需要专业客观的“外脑”，协助其与内外利益相关者沟通，以便做出高效正确的决策。

以前日本有个著名的危机公关失败的案例。某企业社长在说明会上不堪忍受媒体的质问，忍不住怒斥媒体："因为你们的爆料，我一晚没睡！"第二天，"我一晚没睡！"的大标题和社长愤怒的大照片出现在各大报纸上。国内也有过类似的案例，2011 年某家具企业遭消费者投诉，创始人精心准备了资料，在媒体说明会上泪流满面，却被媒体评论为："莫斯科不相信眼泪。"商场即战场，经营者如果管理不好自己的情绪，怎么管理好企业？

很多时候，经营者都处于身体的极限状态，身心疲惫的企业家不计其数。尤其是一些恰遇中国飞速成长大环境、年少成功、心智还不够成熟的企业家，遭遇负面信息或危机时容易出现焦虑和紧张情绪，导致关键决策失误。

所以，能协助经营者进行客观冷静决策的声誉管理顾问非常重要。我们不能帮助经营者决策产品研发和未来发展，但可以帮助他们与内外进行高效的沟通，创造价值，打造既有一贯性，又能与时俱进的对话机制。

经营者声誉管理的方法

当我们明白了经营者进行声誉管理的重要性，下一个问题便是经营者如何进行声誉管理。

世界上没有两片一模一样的叶子，也没有两个完全相同的人。经营者往往面对着复杂的环境和各种棘手的突发事件，将声誉管理聚焦到经营者个人，这常常会让人迷茫：经营者的声誉管理是否能找到普适的方法？

解决之道在于：

- 从思想上，敞开心扉，让他人理解自己；
- 在行动上，积极、热情、勇敢去做；
- 在方法上，寻求最佳解决之道，或通过与企业理念、声誉的匹配、碰撞，焕发出自身独有的魅力，或主动出击，由上而下设计企业与自身匹配的形象并一以贯之。

敞开心扉　让他人理解自己

中国商人的“扑克脸”

我对中国这个有着千年历史和在当下近乎称得上是经济奇迹的国家有着强烈的好奇。早在多年之前我也做过相应的研究，当时研究的题目是：为什么在国际市场上中国商业普遍不受信任。在这个研究过程中，我也加深了对中国的认识和了解，后来又因为和 Myco 的合作，延续着与中国的缘分。在长期的观察研究中，我很认同中国“开放—合作—共赢”的主张。与此同时，我发现中国商人都有着一张扑克脸，但如果企业家们不以真面目示人，是没有办法和他人建立信任关系的。

为什么中国的商人和企业家总是不愿意以真面目示人？是因为扑克脸显得气场强大，还是说他们担心犯错误、露马脚？ Myco 告诉我，大部分的中国企业家们的“扑克脸”并不是为了显得强大，但确实是为了减少犯错的可能，而且他们并不想让别人知道他们真实的想法。

那么问题就更加显而易见了，如果你不能理解一个人，你怎么会去相信他？如果“扑克脸”的意思是说：我不想让你完全读懂我，那么这也意味着，信任将无从建立。这其实也与我多年前的研究相关。当然，我也了解到，在中国的社会环境中，商人们通常不愿意把公务和私事扯上关系。一家公司的 CEO 只是公司的经营者，不可以表现出太个人化的一面。这和日本也非常相似，我们很难见到日企的高管放声大笑或者脸上有太激动的表情。

另一个有趣的现象是，每一位西方国家的企业家想要和中国的企业家们开展商业合作，得到的第一条建议永远都是：“成败在于人际关系。这些关系的建立费时费力，但是一旦建立起稳固的关系，你会发现一切事情都变得简单，那么你也可以正式开始在中国的商业探索之旅了。”其中，唯一需要记住的词就是“人际关系”。所有商业书刊都会有章节提到，人际关系就是打开中国市场的钥匙。但是当全世界的企业家欣喜地来到中国，认为一切都在于人际关系，在于交朋友时，他们实际看见的却是一张张“扑克脸”。

关系对于中国人来说非常重要，他们往往花费漫长的时间去一点点试探，循序渐进地接触，再慢慢建立联系。这个过程对于短暂的人生来说实在太过漫长了，因为通常合作双方可能每半年甚至一年才有一次见面机会。要知道，建立关系对于西方人同样非常重要，只不过西方人尽量把它放在了一种更快的节奏中。我们会在刚开始就发出敞开心扉、友好热情、期待合作的信号，而不是用更长的时间去逐步建立关系，这可能就是中西方企业家思维方式的不同。

理解这样的差异，可能会对想要在国际市场上另有一番作为的中国企业家有所帮助。当一个人被理解的时候，他会得到更好的结果，拥有更好的前景，前提是他们提前发出“想要建立联系”的友好信号，而不是用漫长的时间去等到关系自然地建立。在对实际市场的进一步了解中，当然也存在保守派，他们想要通过时间的打磨去建立真正紧密不可分的关系。不过我相信，越来越多优秀的中国企业家是明白这个道理的。

积极，热情，勇敢行动

水野真人：日本发言人的申奥演讲

水野真人（Masato Mizuno）是美津浓运动公司的股权持有人之一、创始人的孙子，也是东京申奥委员会的 CEO，而这个故事也是围绕着他和东京 2020 申奥展开的。

日语是一门和英语、法语等欧洲语系完全不同的语言，从发音到语法，甚至思维都有着天壤之别。对于日本团队的成员来说，语言难关直接导致了他们在国际舞台上演讲的困难。除此之外，日本同样有着内敛、保守的文化，特别是当这个团队成员资深且权威的时候。资深常常意味着他们年纪较大，虽然值得尊敬，但通常情况下，他们也会一直佩戴着“扑克脸”。我们很少能看见资深的日本前辈可以在一次演讲中和听众建立热络的联系。幸运的是，东京申奥团队的负责人水野是一位非常具有魅力的男士，拥有迷人的微笑，也善于在国际社会广交好友。当然这和他曾留学美国，英文也非常好有关系。但是更重要的是，他是一个多才多艺、有趣的人，开放包容的心态和性格是他在国际上成功的原因。

奥林匹克有两门官方语言，一个是英语，另一个是法语。即使已经过了几十年，法语的实际地位也远远不如英语，但是向国际奥林匹克委员会用法语演讲仍然是一件非常礼貌、表示尊敬的事情。当然，这给国际上很多人带来了烦恼，因为并没有那么多人可以流利地运用法语进行交流，包括水野先生。在 2020 年奥运会的竞选申请中，有一位运动员在发言中操着一口流利的法语，无意间被水野听见，他当即决定，为了让这位女士感受到母语的温暖，他在接下来的发言中将用法语进行演讲。一般情况下，大部分人的想法是：如果这个事情我无法做到完美，那么我就不做；如果我不能在公众面前讲一口优雅流利的法语，就永远也不会给自己找麻烦，让自己尴尬难堪。但是水野先生不同，即使他的法语并不流利，甚至母语非法语者很难听懂他的意思，他还是决定尽力尝试，并不在意结果呈现的完美与否。

故事真正的结局不难猜到，大家都被他的演讲深深地感动了，认为他是一个非常友好、亲和的人。虽然困难重重，影响了自己表达的顺畅，但水野还是选择了一种运动员们的语言和他们交流。这样的勇敢、热情和不加遮掩的赤诚之心，比流利优美的发音和精心设计的言辞更让人感动，并且让人印象深刻。

这看似和企业的声誉管理无关，但其本质是一堂对每一位读者都有警醒作用的课，无论你是企业家、公关从业者，还是无意间翻开这本书的读者朋友。英文中有一句名言：完美是优秀的敌人。这句话看似矛盾，但其实饱含深意。如果人只有在保证事情的结局是完美的情况下才开始采取行动，那他一件事也做不成，因为完美本身就是一个伪命题。

我认识的很多中国公司的高层领导，特别是在做外语，甚至母语的公开演讲之前，经常会把自己放在令人无法喘息的高压之下："我必须要做到完美！""准备必须万无一失！""自己代表公司，不能出丑！"对于这样的人，我想对他们说：放轻松，因为完美是优秀的敌人。人们通常想更多地看到你的动作，通过你的演讲感受到共鸣。一次不错的发言稿？优雅流利的语言发音？完美的舞台效果？其实这些并不重要。他们更想了解的是你这个人，是演讲者本身。站在台上的他是怎样一个人？他做出了如何的努力来和我们沟通，建立联系？或者他只是一个冷冰冰、没有个性的播音机器？这个道理不只适用于演讲和公众发言。更广义地说，出于对工作的热爱，欣然接受一切不完美，对于想要融入国际商业世界的人们来说是非常重要的。

当然，这种健康的心态也适用于想要开始着手进行声誉管理的各位读者。如果你一直等待，等着企业的价值观标语被设计得满足所有人的要求；等着品牌形象信息被构思得完美无缺；等着过往的公关危机完全平息，外界没有一丝质疑和反对的声音，那么这一切都意味着，在这个漫长的等待里，企业品牌声誉已经被毁坏殆尽。

碰撞与调和：焕发自己的独特魅力

维托里奥·科劳："红色激情，坚如磐石，永不停息"

沃达丰在中国不是特别有名，但是作为世界领先的科技公司之一，它是全球最大的手机运营商之一，在全球大部分国家和地区都是一家十分成功的企业。沃达丰集团股份有限公司成立于1984年，创建于英国，经过几十年的发展成为跨国性的移动电话经营商，也是全球最大的移动通信网络公司之一，拥有大概15万名员工。沃达丰在中国市场也有过一段短暂的历史：其曾经是中国移动的海外投资人，持股2.3%，后于2010年调整战略，退出中国市场。

虽然目前沃达丰并没有中国境内的业务，但不可否认的是，拥有完备的企业信息管理系统和客户服务系统的沃达丰，在其他商业战场上的表现也非常出色。目前，沃达丰在27个国家均有投资，在另外17个国家联营移动电话，覆盖大约150个国家的移动网络和客户群体，并在2017年被BrandZ（最具价值全球化品牌）评选为全球品牌100强。在通信科技方面，沃达丰也在2018年初和华为合作，成功地进行了全球首次5G通话测试，走在行业的前列。

一家高科技公司，在一个快速变化的市场里，想要生存甚至胜出，就一定要创造出一个崭新的品牌形象：一个年轻、充满活力与激情的形象，并深深扎根在消费者心中，才能在市场上更具优势和代表性。10年前，沃达丰选择用三个不同的词语来传递这种品牌信息，也用来定义这个品牌：Red（红色激情）、Rocksolid（坚如磐石）、Restless（永不停息）。Red，是沃达丰的品牌标识色，也象征着勇敢、强壮和激情。当然在中国，红色也是一个十分特殊的颜色符号，通常代表了拼搏和奋进。Rocksolid，代表着消费者可以毫无顾虑地依靠并信赖这个品牌。每当沃达丰交付给消费者一项新的技术时，毋庸置疑，那一定是一项十分可靠且有用的技术。它是强壮并且十分值得依靠的。Restless 这个词和 Rocksolid 十分不同，坚如磐石是指值得依靠，坚强有力，但是永不停息的意思是，这家科技公司在一直不停地发明创造，甚至是重新创造品牌本身的定义，用全新的姿态去迎接每一天。这就是沃达丰的三个品牌形象特征：年轻、有活力、充满力量、坚如磐石、值得依靠，不遗余力地去创造和改变自己。

这对于一家高科技公司来说，是非常值得尊敬的品牌形象定位，在当下我们很少可以找到类似的品牌形象定位。那品牌面临的真实情况呢？沃达丰确实名副其实，是具有创新性的，在不停地创造并传播新的产品，如那三个词所说的充满激情，坚如磐石，永不停息。而且不只业务上如此，沃达丰的员工也是这样的形象，两者结合得非常好。这也是我称其为一个成功品牌的原因。

但是，品牌同样依赖领导人的个人声誉，企业的领导人除了是品牌传播的执行者，其本身就是最好的品牌代言人。我曾经采访过一位女士，她是一位全球品牌代理商的董事长。她曾提到，如果一个人被任命为时尚品牌的总经理，但外表看上去不修边幅，身材走样，穿破旧的衣服，完全不在意自己的形象，那么人们便会质疑：这个人真的适合从事时尚行业吗？因为企业的领导人就是企业的品牌形象大使！当然这并不意味着，每一位汽车公司的 CEO 都得看上去像一个职业赛车手。但作为一名企业 CEO，其向公众传达的信息，为自己创造的形象，是应该和企业品牌形象相符合的。

有趣的是，沃达丰的 CEO 曾是一位文质彬彬的咨询公司的咨询师，名叫维托里奥·科劳。当然，维托里奥即将结束他辉煌的十年 CEO 职业生涯。我们的故事还是要从他年轻时讲起。

1961 年，维托里奥·科劳出生于意大利，曾就读于伯克利大学和哈佛大学。维托里奥的职业生涯开始于伦敦，曾在著名的金融服务公司摩根士丹利就职，后又在麦肯锡米兰办公室担任一名咨询师。几经辗转，他所在的公司在 1996 年被收购，成为沃达丰意大利分公司，而 2002 年他也成了区域执行总裁，正式成为董事会的一员。2008 年维托里奥·科劳正式被任命为沃达丰集团股份有限公司执行总裁，2015 年被任命为联合利华非常务董事。2018 年 10 月卸任，结束了长达十年的掌门人生涯。

在意大利，维托里奥十分有名，无论他在哪儿，总有电视台记者和摄影师追着他，想尽办法要采访他。他自己也感觉生活在别人的监视之下，压力大到喘不过气，给生活造成了很多麻烦。当然，他也有自己的世界，他的户外运动爱好之一是骑行，只要有机会、有时间，他就会尽量去参加意大利的山地自行车越野赛。当时有一场盛名远扬的专业自行车赛事，其中有一段赛道是允许业余运动员参加的。而此时的维托里奥已经知道自己马上要成为沃达丰的 CEO 了，也知道任职之后他将要面对忙碌且疯狂的日常，永远也不可能有机会参加另一场比赛。所以他决定回到意大利，开始训练，给自己一次机会，享受最后一次征程。

在临近比赛的前一天，他已经完全做好了准备。在比赛结束时，他也知道自己做到了最好，尽了个人最大的努力，完美地完成了一项任务。作为一名身家百万的成功商人，在比赛结束后跳下心爱的山地车，他获得了强大的自我心理认同。他对着镜头自豪地说："我感觉自己就是个超人，好像自己只有 21 岁！我浑身充满了力量！真喜欢你们这些记者，这次采访太棒了！好了，接下来我要找个地方休息一下，冲个痛快的澡！"几个小时之后，他收到了一个朋友的短信："看看这个链接里的内容。"链接连到全球最大的视频网站，他惊讶地发现，这个采访已经播出。

他不敢相信自己在采访视频中看到的。在比赛时，他感觉自己重返 21 岁，内心充满了力量和激情，但他在视频里看到的，只是一个接近暮年的男人，一个苍老、疲惫的男人。他以为自己像一个超人，但在别人看来，他更像一个退休、疲惫乏力的会计师。紧接着，他找到了产生这个巨大落差的原因。

现在让我们把维托里奥当作沃达丰的 CEO 重新审视他，同时联想到沃达丰的品牌形象：Red、Rocksolid、Restless。他明白，除非他开始注重自己的个人影响力的塑造和传播，否则他将永远不能作为这个品牌真正的形象代言人。他需要重新开始学习，去找一个资深的教练，重塑自己的形象和个人影响力。这也是一个具有转折性的时刻，这样的引导课程使他意识到，他其实也可以做到成为沃达丰名副其实的品牌形象代言人。虽然他永远不会再变成一个真正意义上的年轻人，但至少可以拥有年轻人的活力和冲劲；他永远不会变成一个体格健壮的运动员，却可以展现真正的力量；他当然也不会变成一个富有想象力的艺术家，善于创新研发，每分钟都有新的想法，却可以展示出永不停息的思考力量。这些领导力培训推动着他的改变和进步，让他向成为真正的沃达丰品牌形象大使的目标一步步靠近。

维托里奥自身非常严肃认真地对待这些课程，长期坚持学习成长。终于，人们看到了他个人的魅力，看到了他的幽默，看到了他富有人性的特征，看到了他内在的智慧和外在的力量。这些东西才是人们愿意接触的，是十几万全球员工们愿意看到的，也是投资人甚至消费者看在眼里的。人们从作为品牌形象大使与CEO那边看到的、听到的，是一定要和品牌形象想要传达的信息一致的。从某种层面上讲，这就是声誉管理。如果人们接收到的和品牌想要传达的信息不一致，这就是我们所说的，形象和现实的差距。

主动出击营造统一声誉

约翰·邦德：从穿衣到做董事长

汇丰银行是一家非常知名的银行，在全球范围内拥有不同的金融业务，中国的香港和上海也设有分公司。这个故事，也是关于一个企业的掌门人如何成为企业品牌形象的代言人的。

故事的主人公约翰·邦德（John Bond）是汇丰集团前董事长，于2006年结束了他在汇丰银行长达45年的职业生涯。约翰于1941年出生于英国，19岁进入汇丰，从国际事务专员做起，辗转中国香港、印尼、新加坡等地，直到1998年57岁时，才开始了近10年的汇丰集团董事长任期。

当约翰被任命为汇丰银行的全球执行主席时，他非常在意自己表现出来的形象气质以及自己能带来什么样的个人影响力，特别是面对一项管理着全球业务的工作时。很多汇丰员工不会讲英语，对于大部分人来说英语不是母语，甚至不是第二外语。他们唯一知道的英文单词就是老板的名字。约翰意识到，通过语言和文字去传达消息的话，很难达到自己想要塑造企业文化的目的。企业文化其实和企业品牌声誉息息相关，因为很多时候，品牌声誉也是由企业员工——无论是CEO还是刚入职的员工——的行为方式传达的。如果他们的行为符合规范，行事准则与企业的价值观、原则一致，那么企业品牌声誉也将相应变得更加强大。与之相反，如果员工的行为表现糟糕，不依照企业的价值观行事，那么将会给企业声誉带来极大的风险。这样的价值观和行为上的差距，对于一家银行来说具有很大的威胁，因为银行业是每天都和人、数字、金钱打交道的行业，获得信任对于这样一个行业来说是最重要的。如果顾客不相信这家银行，那么这家银行的品牌声誉将会在刹那间受到极大的破坏。不管什么样的文化环境，不管什么时候，只要银行声誉被破坏，投资人也会觉得这个银行不安全，进而可能会极大地影响银行的财务系统。巨大的动荡可能毁掉的已经不只是一个银行集团，甚至可能是整个社会经济。

因此，声誉管理对于银行也是至关重要的。声誉管理又与企业内部的员工行为和企业文化相关。约翰非常了解这一点，他明白为了让员工清楚地了解什么是他们该有的行为，自己首先就要成为行为楷模，这是他自己能够为企业声誉做出的最重要的贡献。他同时也开始思考，这样一个跨国银行集团到底需要什么样的企业文化。

最后他想到了两个关键点：一个是尊重。他发现，当你对全世界的人都表示出尊重时，会有神奇的事情发生。他们尊重客户、帮助客户、照顾客户，这已然有助于声誉管理。但如果不尊重客户，任何事情就都有可能发生，比如欺骗客户或者更严重的问题。另一个是精确，即对于每一个细节有精准的把控。如果所有员工都懂得尊重的内涵，他们的行为一定得当，而当企业有精确的企业文化时，他们将不会犯任何小错。

和沃达丰的企业理念“Red、Rocksolid、Restless”一样，这都是非常简单的小事情，但对于银行业来说却是非常难得也非常好的品牌形象定位。任何一个银行和服务业的人都是需要追求精确和懂得尊重的。有了这样的概念化的目标，接下来约翰开始思考：是向所有员工发送一个视频，说明为什么要有尊重和精确这样的企业文化，还是在集团展开一个企业文化培训项目。当然，这些事情也极其重要。但是，他还想到，有什么事情是他作为一个个体可以去产生不同影响的？如果仅仅是通过一个采访或解说视频，传播出去的也仅仅是单词和文字。

那怎么让自己成为企业的品牌形象代言人呢？约翰的解决方案非常简单，他找来了全伦敦最好的裁缝，并对他说："我没有别的要求，不需要非常时髦，也不需要多余的设计，但是我需要衣服的每一个细节都绝对完美，如果有1毫米的误差，我都会拒收这套西服，这个要求同样适用于我的领带、鞋子、夹克和衬衣，每一件服饰的细节都必须完美。"此后，每当约翰去汇丰银行的时候，不管是在上海、伦敦、纽约还是新加坡，他都会着装整齐精致，确保每一个细节的完美。每当人们看到他的时候，不自觉就会发出感叹：看，这就是老板。这是他做的事情之一，从个人的衣着体现出了"精确"这个行为准则，虽然只是侧面体现，却很好地将企业的原则融入了个人的行事作风中，甚至成为一种生活方式。

另一件事则体现出他对"尊重"这个词的理解和诠释。无论约翰在哪里，在前台面谈或电话与人交谈，或者与最重要的客户交谈，他都会一直保持高度的礼貌。他甚至会用更礼貌的方式和年轻的员工们沟通，因为他需要人们第一次见到他就能留下深刻的印象，同时意识到：这就是我们的老板，他非常尊重他人。

约翰通过这两件小事，在日常接触中，为企业的员工树立了榜样。他也可以随时随地展示出尊重和精确这两件事情真的非常重要。作为银行员工，每个人都需要有这样的特质。

个人声誉（品牌）管理：美国职业运动场上的“声誉竞技”

前面提到，领导者的个人影响力会影响企业的声誉，无论是领导者作为企业的品牌形象代言人，还是对企业内部文化的塑造和引领，都是企业声誉管理的重要一环。下面，我们将谈到的是个人品牌的塑造和声誉管理。

当下，演艺明星、知名运动员以及行业领袖等的个人声誉也极具商业价值，比如最常见的广告代言，交易额动辄上百万元，不亚于一家企业的利润，更不用说其潜在价值。接下来，我们将通过美国职业运动员个人声誉管理的故事，讲述不同的应对策略对于个人声誉和商业价值的影响。

明星球员的声誉修复

职业竞技体育在美国是相对成熟和非常商业化的产业，明星运动员跟娱乐明星一样，是社会公众人物，也可能成为公众热议的焦点。所以明星运动员的一言一行都在公众和媒体的视线范围内，稍有不慎，就很容易卷入负面舆论的漩涡，给个人或代言品牌、合作赞助商、投资方等带来影响。因此，个人和企业领导人一样，也需要声誉管理。在此，我们选用NBA（美国职业篮球联赛）的明星球员凯文·杜兰特（Kevin Durant，以下简称KD）作为例子，一是因为其个人声誉管理的修复和重塑过程具有典型性，二是因为NBA在中国的受众也不少，具有一定知名度。

NBA联盟之金州勇士队的明星球员KD是2016年加入该球队的。在此之前，他在竞争对手球队雷霆队效力长达9年。在这9年的时间里，没有什么大的波澜，他也没有跟球队一起拿过总冠军，最好的成绩仅仅是进入总决赛而已。但是，他在NBA联盟里还比较受认可，因为他的个人荣誉相对突出。

2016年，KD因为跟球队内一个核心球员的“化学反应”不是很好，加上与球队在未来发展方向上的冲突，不得不重新思考自己的职业运动生涯。之后他选择加入竞争对手的球队，也就是现在的金州勇士队，这让很多人震惊和不能理解。他的这一举动，也受到了很多质疑和批评，被很多人诟病为对原来球队不忠。

在NBA联盟价值体系下，如果一名球员一直输给一个对手，最终的目标就是一定要击败这个对手。但是KD不走寻常路，开辟了一条让人匪夷所思的路——不是击败对方，而是加入对方。KD的做法，被很多人认为是非常软弱的行为，很多球迷给了他负面评价，甚至给他起了一个“软蛋”的绰号。KD的个人声誉受到了比较大的挑战。

但是，2016—2018年的两年间，在加入金州勇士队后，KD和他所在的球队接连拿下了两次NBA的总冠军。

在此之前，KD从未与团队取得过这样的荣誉。除此之外，他还拿到了FMVP（总决赛最有价值球员），团队和个人荣誉都获得了双丰收，而大家对他的看法也慢慢地有所转变，他的个人声誉得到了修复。

跟他相关的利益相关者们

KD 作为一个天赋异禀的全明星得分选手，在转投竞争对手球队之前，给公众的一直是一个乖宝宝的形象，个人声誉处于一个相对平稳的阶段。个人声誉受到重大影响是在转投竞争对手球队的时候，尤其是他刚刚加入新球队还没有拿到总冠军之前，在这段时间里，公众对他的评价相对负面，认为他缺乏忠诚度，投靠强敌，是一个只会抱团的软弱球星。但是，当他和球队一起接连两次夺冠之后，舆论风向又发生了逆转，把他定位为有力的竞争者和人生赢家，负面的评价反而减少了很多。

可以看出，这一方面是受他竞技成绩的影响，另一方面是因为在个人声誉管理上，他也在不断地与他所看重的利益相关者群体进行有效的互动和沟通。个人声誉管理跟企业声誉管理一样，有很多的利益相关者，对于 KD 来说，这些利益相关者包括球迷、媒体、评论员、NBA 元老、经纪团队、赞助商、投资方等，这些人都跟 KD 的个人声誉管理息息相关。对于 KD 来说，如果能把他们都争取为自己的友军当然最好，但是不同的阶段，需要优先影响最重要的利益相关者。当然，这也取决于他自己的选择。

KD 并不是不在意自己的声誉如何，而是在不同的阶段需要做不同的选择和取舍。转投竞争对手球队，也许在短期会受到很多非议和批评，但是对于一个职业运动员来说，忠诚度固然重要，成绩好才是赢得声誉和信任的关键，做一个胜利者比忠诚者更重要。

KD 做出了选择，或者说，他短期的目标就是踏踏实实做一个好的球员，打出最好的成绩，拿到冠军才是王道。当然，不排除在他的职业生涯第二阶段，背后有强大的经纪团队、大的赞助商或者合作伙伴的策略性和计划性的支持，可以帮助他逐步恢复个人声誉。但这一切的前提，是他要赢得好成绩。

所以对于 KD 来说，他选择做一个好球员，打出最好的成绩，也是对跟他相关的利益群体进行了圈层的划分（见图 3–1）。第一个圈层包括他身边的经纪团队、队友、球队的工作人员和管理层等，这是他每天都要打交道的人。第二个圈层就是球迷。球迷是影响他声誉基数最大的人群。第三个圈层是非洲裔美国代表。

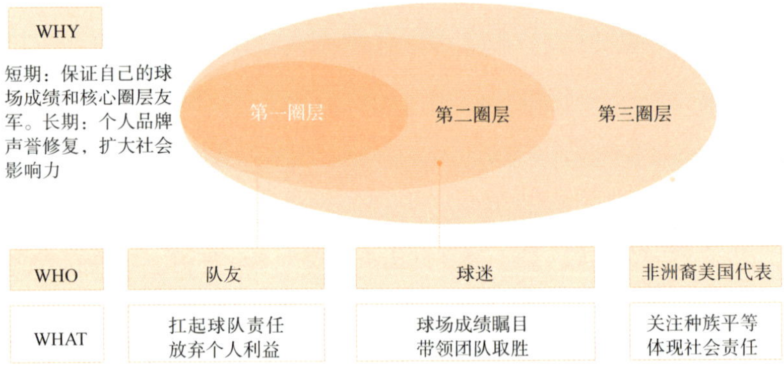

图 3–1　KD 核心友军圈层

KD 的第一个核心圈层就是他的队友。所以他选择做一个好的球员，带着团队一起打出总冠军的好成绩。在之前的球队里，KD 有一个以“球场上的超能战士和场下安静可爱的好学生”为主的人设。那个时候 KD 刚进 NBA 联盟，性格没有那么外向和主动。虽然当时 KD 是领袖人物，被外界称为雷霆队的“雷霆二少”之一，但这更多是个人英雄主义的标签。他刚刚转投金州勇士队时，受到的非议比较多，所以他选择了用实力和事实说话，在竞技体育上取得了特别好的成绩。而球员最具有说服力的还是成绩要漂亮。

同时，他展现了很多能体现球员责任的地方，比如，接受采访和主动发声多了起来，让大家知道他在团队中的分量和重要作用。他还展现出很强的团队责任感。比如，在球队重要球员受伤的时候，他都会给予很大的支持和帮助，而且会给团队打气，扛起整个团队的责任，尤其是在金州勇士队精神领袖库里受伤的时候表现得非常突出。另外，他在连续两年的合同里都放弃了每年大约 500 万美元的薪水。因为 NBA 有奢侈税，也就是薪金的天花板，如果他放弃一些，会有利于球队签下更多的主力球员，这样可以保持球队的整体竞争力去争取总冠军。

KD 选择的第二个核心圈层是球迷。球迷最在意的是球员的表现，成绩是最重要的。一个球员如果连场上成绩都不好，场下做再多的公益和慈善都会被质疑，球员就是要看他的成绩、天赋和表现。媒体和元老们很多时候以批评的态度居多，但也会受到成绩和球迷呼声的影响。因为他们是评论者，所以可以看出其实 KD 首要的事情是先用成绩去征服人群最多的球迷。在这个圈层中，他的声誉其实是有一个反转的，包括第一次反转中的批评和第二次反转中的表扬。

KD选择的第三个核心圈层就是非洲裔美国代表，这体现了他很强的社会责任感。他把自己定位为非洲裔美国人领袖去发挥影响力，在黑人的圈层、黑人社会的中底层和美国的主流价值文化中都获得了认可。他回报社会，在社区中发挥影响力，关注社会平等和种族平等，不断为自己所在的少数族裔发声。

美国篮球圈里有个传统，NBA球队总冠军都会被邀请访问白宫，接受总统的接见。但是特朗普上台之后，金州勇士队作为总冠军拒绝拜访白宫，因为NBA职业联盟里有大量的有色人种，他们对特朗普优先白种人的政策非常不满。所以库里就代表球队表示，他们不去了。KD一方面站出来表示支持，这也表达了他基于球队的主张，但是另一方面他也建议，如果不去白宫的话，可以去华盛顿。

到达华盛顿之后，他带着球队去了一家他资助的黑人小孩的学校，也去了非洲裔美国人的博物馆，体现了他在社会方面的价值主张。同时他捐了近千万美元给他曾经所在的社区学校的青少年篮球培训项目。他做了很多类似的公益事业，个人的社会价值和影响力得到大幅提升。

创造属于自己的Fact

在起起伏伏的两年里，KD首先是埋头打球，让自己的成绩变得更好，拿了两次总冠军。其次，他主要想影响的不是那群社交媒体上的评论员或者球迷，而是那些大量买票进场看球或者坐在电视机前看比赛的球迷们。这些球迷对他的评价很高，慢慢地也影响到评论员或者媒体。他选择做低调和扎实的工作，没有召开记者招待会，或者动用法律手段跟他们对抗，那不是他的主业，而是首先把球打好，拿到冠军，其他的也随之改变。

结合 3D 声誉管理体系进行分析，KD 职业生涯的转变就是把目标选择和创造 Fact 联系在了一起。比如他可以选择打口水仗或者雇用律师打官司，但他首先考虑的是自己到底想做一个什么样的人，并决定让自己成为竞技场上成绩最好的人。事实证明他的选择是对的，并且一直在努力，这本身就是一个最好的事实。这样反而赢得了对他来说最关键的利益相关者的认可，也就是上面所说的三个核心圈层的人群，即我们通常所说的友军。

在个人声誉恢复的过程中，他做得并非尽善尽美，他也会在脸书上跟黑粉互怼，这是他情绪化的表现，但是很快得到了控制。如果做错了，他会很快道歉，大众看到的是他真性情的一面。美国的球迷和媒体，都很反感那种把自己粉饰和包装得很好的人。而 KD 比较接地气，很真实。

这一点也帮助他在全球赢得了更多的个人声誉。

这是他在第三阶段完成的转变，但是他的职业生涯还在继续，做的事情也在不断丰富。从这三个阶段来看一个球员，总的来说，KD 的声誉一直起起落落，刚进联盟时是菜鸟，乖乖打球，一直在追求让成绩变得更好。陷入困境后，他又加入了竞争对手的球队，此时大量的质疑和批评扑面而来，他选择了保持沉默。

进入第三阶段后，随着成绩越来越好，他也更多地发挥自己的影响力，展现自己的个性和性格。KD 获得了更多关注，而且正面偏多。现在，美国职业篮球圈里对他的主流评价也都渐渐趋于正面。

KD 的行为其实很大程度上引领和改变了一些 NBA 联盟里的商业规则和文化。NBA 一直以来的传统就是一个巨星挑起一个球队，最多再有一两个帮手。KD 加入了金州勇士队，里面有三个全明星球员，现在变成四个全明星、五个全明星，这种状态之前都被认为是不好的，现在却引起了其他球队的纷纷效仿。事实证明它是有效的，尽管还有很多人批评这种做法。那由此反过来看，是不是联盟的一些商业政策或管理政策也应该有些变化？或者说球迷是不是也在慢慢地适应和接受。

个人声誉因时而异

KD 个人声誉的扭转和恢复持续了两年多，时间也不算特别长。他从美国一个很小、经济不发达的城市俄克拉何马，到加盟新的球队，来到美国最繁华的城市，其所面临的市场、媒体和球迷环境发生了很大的变化。大小环境的变化也促使他在不同阶段对利益相关者和友军的优先顺序、核心圈层做出不同的选择。

这也说明声誉管理是一个动态变化的过程，不是一成不变的。当外界的环境和人们的看法发生改变时，无论个人还是企业的声誉都会发生变化。所以声誉也需要规划，你的规划是基于现在的声誉把它做得更好，还是存有未来要达到的某个目标?

KD 从小球队到大球队，在团队的帮助下重新定位职业生涯，建立了个人声誉的目标，又根据短期目标和长期目标的不同，找到利益相关者，梳理了优先顺序。而对外创造的事实就是靠打球拿冠军，把粉丝变成自己的友军，从而拥有了更大的社会影响力。

【声誉管理小贴士】

领导者的个人影响力与企业声誉密切相关

领导者的影响力直接影响企业声誉，这一点第一章已有提及。之前有关企业高管在国外的绯闻、国内明星偷税漏税的舆论不断发酵，随着社交网络的兴起，个人的社会影响力越来越大。不光是企业领导人，个人品牌也需要声誉管理。

虽然谁都需要说对话，讲好故事，但我们主要关注有走进来或走出去需求的企业经营者，即在中国市场的跨国公司的企业家，或需要到全球拓展业务的中国企业家。他们迫切需要使用非母语在异国文化环境下靠演讲迅速获取信任，却往往忽略了怎么表达才能更打动人。本章重点阐述了怎么通过掌控 MYimpact 以演讲为主的个人影响力训练，来展现更符合社会角色的个人影响力。

我曾给一位日本跨国企业领导做媒体应对培训。他年轻时在中国留过学，中文口语很好，一直坚持用中文和媒体沟通。有一次一个财经媒体采访他，临时追加了一个问题：“都说新官上任三把火，您这次有什么举措呢？”他没听懂“新官上任三把火”是什么意思，当时又没带翻译，记者试着用英文解释，却越解释越不明白，最后不了了之，双方都不太愉快。因此，我们在进行媒体访谈演练时，有意加了一个用日语提问环节，并全程录像，回放时对比了他在面对中文和日语提问时的表情。面对中文提问时，他表情严肃，但意外听到日语提问时，表情一下子放松了，甚至还时不时微笑，回答也很幽默。看到自己前后截然不同的表现，他接受了我的建议：能事先准备的内容尽量用中文，在专访等需要严谨表达并展现个人魅力时用日语并带上翻译。这样一来既可以自如地表述，又可以为自己争取思考的时间。这也是在很多正式商务谈判的场合，双方即便能直接沟通，也要各带一名翻译的原因。

还有很多跨国企业高层专访失败的例子，例如：因为听不懂当地语言，所以不看记者，而老是看自己的翻译，让记者觉得不被尊重；只顾自己讲，不考虑翻译是否跟得上；同声传译只顾内容平铺直叙，本来很感人的品牌故事变得索然无味；参会媒体都变成了低头族，不是看手机就是打盹儿，等等。异国文化沟通时，表情、态度和肢体语言更为重要。我曾做过中日同声传译，也理解翻译的难处，大多数时候会建议那些了解品牌习惯和老板用语习惯的翻译参与，或翻译也参加培训。

2014年因帮助日本东京申奥演讲成功，马丁·纽曼先生被日本媒体称为演讲之神，他曾讲过一个例子。残奥会的一名女选手，之前因为英文不好，特别紧张，经过培训后她的演讲感动了全世界。马丁常说："运动员是进步最快的，因为演讲是对身体的控制，呼吸发声都是身体的工作。而他们习惯听从教练指导，刻意练习。"申奥是国家的发布会，东京申奥从首相到运动员，不同角色讲述了不同故事，但拥有同样的目标，其营造的"闪耀"的氛围，打动了来自一百多个国家不同语言系统的评委。我很有幸当年凭直觉飞到东京结识了马丁，期待能与他继续"联结世界，成就你我"。电通公关的这个愿景是我和马丁在2016年1月18日公司重生感恩派对前一晚一边喝红酒一边聊出来的。马丁在做培训导师前是多个国际品牌的沟通创意顾问，文字功底非常深厚。

虽然对观众的影响以视觉呈现和声音为主，但我们对中国企业家进行培训时，会优先内容，其次才是表达。商务领袖不是演员，梳理好想讲的内容，他才能更从容地面对听众。很多时候我们是在帮他从观众的角度，重新认知自己，找到自己的优势；结合符合社会角色的目标，设计专属于他的个人影响力，帮他通过刻意练习，做到收放自如。读者感兴趣的话，可参考《演讲的本质》一书。

为什么出国旅游的中国人口碑不好？除了常被指责素质低以外，我认为不是语言的问题，而是态度的问题。了解和提升个人影响力，打造更好的声誉，难道只是领导和名人的事情吗？

第四章

声誉管理的未来

“以前是一出负面信息就睡不着觉，现在不怕了。”“有了长期的战略部署，打通了内部信息的沟通渠道。”“三年前股价最低，现在达到历史最高，声誉和股价息息相关。”以上是我们从 2015 年 1 月正式启动声誉管理的探索，到 2016 年独创 3D 声誉管理模型，再到现在，所收获的客户的一些评价和感谢。

同时，面对日趋复杂的经营环境，客户也发现了源源不断的新课题：危机发生时，什么样的组织架构更高效？如何聚合资源，长期规划建友军？怎样培养专业的沟通人才，加强和消费者的对话？

多年来在与客户的接触中，我们日渐清晰地认识到，公关从业者的意识需要一次新的变革。这一变革集中在以下三点：变被动的危机应对，为主动的声誉管理；变零散的媒体发稿，为服务于实现经营目标的立体对话；变疲于跟进社会大环境的变化，为迅速反馈，主动构建信任的联结。

本章要点

3D 声誉管理，需要长期积累、不断迭代完善。在这样的征程中，我们不但需要积极地“小步快跑”，不断将模型的思想、实践与社会经济的发展相结合，更需要紧跟时代的脚步，不断融入新的思想、新的方法和新的技术。本章将阐述以下内容：

- 实施 3D 声誉管理，不同的企业架构有怎样的优势；
- 用培训业务推动 3D 声誉管理的落地；
- 人工智能的实际应用。

适应未来 3D 声誉管理的组织架构

组织架构与声誉管理

2018 年是全面贯彻党的十九大精神的开局之年。在全面深化改革的大背景下，无论是公司治理层面还是企业管理层面，越来越多的企业都在寻求建立能够应对危机、提高声誉的组织架构体系。最近两三年，经常有企业高管来电通公关咨询组织架构的相关问题。这说明企业高管已经意识到声誉管理的重要性，并着力建立相应的组织框架。

通过第一章中丰田公司的案例，我们可以发现组织架构影响着企业沟通的效率。层级过多可能会造成信息滞后，分工混乱可能会形成部门间踢皮球、扯皮的怪象。在一些实际案例中，我们发现危机爆发时很多企业内部并没有直接的对接部门。企业该如何建立应对危机和声誉管理的组织架构，相关的研究较少。

为了弥补这一部分的知识空白，解决经营者对于企业架构方面的疑问，我们查询了 2015—2018 年世界 500 强企业排名，从中挑选了业绩连续增长，与技术创新领域相关，占据行业领头羊地位的苹果公司、三星公司和丰田公司的组织架构进行分析，以期得出具备一定普适性的结论。

本节的第二部分，我们结合中国的实际情况和以上三家企业的信息总结出了四个参考架构，以期提高这些架构落地中国的可能性，并对读者能有所裨益。

先进企业实例研究

苹果：以 CEO 为中心的极简扁平化架构

2018 年 8 月 2 日，苹果成为全球第一家市值达 1 万亿美元的上市公司，这一数字相当于三个深圳的 GDP（国内生产总值）。从 1997 年濒临破产，乔布斯临危受命，到 2011 年蒂姆·库克鼎力续航，苹果一路走来可以说取得了举世瞩目的成就。

苹果公司的公关部门一直显得十分神秘，在官网上难以查询到相关信息。作为联合创始人的乔布斯在回归苹果之后果断进行大刀阔斧的改革。即便在库克接任后，其组织架构也没有太大的变动。

图 4–1 可以帮助我们初步了解苹果的组织架构。除了库克接替乔布斯进入权力中心，苹果的组织原则基本上没有改变。图 4–1 将苹果公司各部门划分成了两部分：维持性部门（Sustaining）和

破坏性（Disruptive）部门，分别对应苹果的行政各部门与研发各部门，并以浅灰色和深灰色加以区分。

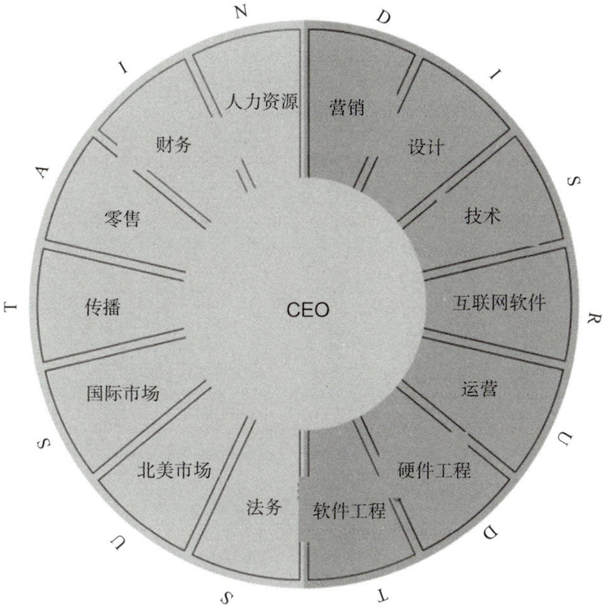

图 4–1　苹果组织架构

注：本图为美国市场调研公司 Asymco 根据苹果公司的公开信息绘制。

苹果的维持性部门，即行政各部门，包括人力资源（HR）、财务（Finance）、零售（Retail）、传播（Communications）、法务（Legal）等部门；破坏性部门，即研发各部门，包括营销（Marketing）、设计（Design）、技术（Technologies）、运营（Operations）、硬件工程（Hardware engineering）、软件工程（Software engineering）等部门。

CEO 是苹果公司当之无愧的核心，需要面面俱到，CEO 之下的其他部门相对独立，职能划分十分明确。

苹果 CEO 之下没有设置委员会之类的机构协助决策。维持性部门领导和破坏性部门领导直接向 CEO 报告，基层员工则向各部门管理层进行汇报。苹果的组织架构相当扁平，因而 CEO 和管理层一旦做出决策，信息便能以最快的速度传递到员工层，这对于追求速度的高科技企业来说至关重要。

通过图 4–1 我们可以发现，不同于其他科技公司，苹果公司内部没有单独设立产品部门。iPhone（苹果手机）、iPad（苹果平板电脑）、Apple Watch（苹果手表）等产品设计由设计部门负责，产品的定位、推广和定价权归属于市场部，销售相关事宜归属于营销部门。产品从设计、生产，再到发布、销售等一系列流程，并不是一个部门或团队就可以完全负责的，需要苹果公司几乎所有部门和员工的参与，每个部门只需各展所长，每个高管只负责一个部分。在这种架构下，不仅公司各部门可以加强协作关系，同时每个部门都可以参与到产品流程中去，了解产品的最新发展趋势和最先进技术，增强了公司的整体性，同时职能部门和员工很少会出现职能重叠的现象，每名员工都可以聚焦于自己的专业，专业性可以发挥到极致。

总结起来，苹果组织架构的构建遵循以下原则。

简约不简单，精简机构

简约是苹果组织结构的关键。苹果没有委员会，整体管理的概念在这里不受欢迎，只有一个人——首席财务官——掌握“损益表”，对造成盈亏的费用开支负责。

环状沟通减小了管理幅度，加快了信息传递速度

管理层各部门直接与 CEO 相连，底层员工再直接与各管理层相连。公司 CEO 处于信息传递的核心，一旦有任务下达，公司能够以最快的速度告知员工。

因人设职，权责分明

苹果公司从来不把公司损益情况当作管理人员的业绩凭证，每个员工只需专注于自己的责任。员工的职责都分得非常清楚，正是这样才使公司内部管理井井有条且充满活力。

分区管理，因地制宜

苹果公司的市场庞大，采取分区管理更利于总部因地制宜，为不同地区制订不同的管理方案等。

以上原则的制定，使得苹果公司组织结构具备以下优点：

- 适应不稳定环境下的快速变化。
- 产品责任明确，联系环节简单，服务迅捷，可提升客户的满意程度 。
- 跨职能的高度协调。
- 各分部适应不同的产品、地区和顾客，从而提高顾客的满意程度。
- 决策分权提高了政策制定的效率。
- 提高各分支机构的自主权，采取灵活的营销策略。
- 简化对企业具体经营事务的管理，更专注于公司的战略决策和战略规划，以及核心产品的研发。

- 有利于地区性分支机构的独立经营成长，强化市场的针对性竞争意识。
- 简约的组织结构使各个部门之间职责分明。

丰田：改革中求发展，公司制与事业部制共存

公司制与事业部制共存

经历召回危机后，丰田于2011年3月发布丰田全球愿景，并在4月对管理架构进行了调整。丰田在2003年实现了由部门制向本部制的过渡，又于2013年和2016年分别引进了事业部（Business Unit）制度和内部公司（Company）制度。

从丰田于2018年6月25日公布的组织架构图（见图4–2）来看，丰田将传统的、按照地区进行划分的组织架构转变成按照业务类型划分的组织架构，并按照公司业务重新设立了雷克萨斯、中型汽车、小型汽车、Gazoo Racing赛车、动力火车等9个内部公司进行管理。在这一过程中，从属于各个本部的工程师被重新分配到各个内部公司进行相应的产品设计和研发，从而实现产品从设计、研发到生产的高度统一，旨在更为高效地生产质量更好的汽车，提升车辆的整体性能。

公关上升到经营策略，涉外、公关、调查职能合并

2018年10月1日，丰田重新调整了组织架构及人员部署，其中有关涉外公关部和调查部的变动并未引起媒体关注。具体变化如图4–3所示。

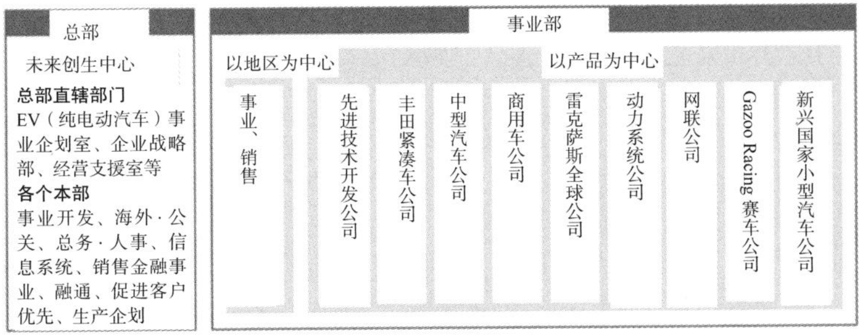

图 4–2　2018 年 6 月 25 日丰田官网上发布的组织架构

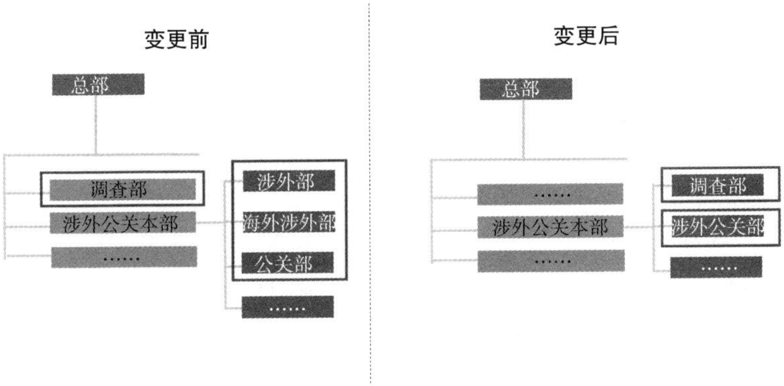

图 4–3　2018 年 10 月 1 日丰田涉外公关部和调查部的变动

原本直辖于总部的经营智囊机构调查部并入涉外公关本部。调查部在丰田内部是一个十分特殊的存在。顾名思义，调查部主要负责市场调查及社会调查，它历史悠久，培育了诸多人才。在此之前，调查部一直受丰田高层直接管辖。此次调查部与合并后的涉外公关部同属涉外公关本部管辖，预计其职能将得到进一步提高。而涉外公关本部在未来会成为丰田的“头脑部门”，将会从战略的角度出发，进一步思考政府、媒体等利益相关者与企业之间的现状和未来，协助经营者对瞬息万变的经营环境迅速判断和决策。另外，涉外部与调查部的合并也是丰田将涉外职能与传播沟通职能进行整合的体现，这也是丰田加强对内外沟通效率的证据。

裁减冗员、重划级别

2018 年 11 月 30 日，丰田社长宣布将“通过减少阶层的方式，以前所未有的速度，立即决定、立即执行，实现丰田的重生。同时，董事们将亲自进入现场，与干部、成员一起，在现场实践我们的构想”。

为此，丰田在专务董事以上设置“干部”级别，包括常务董事、常务理事、骨干职员 1 级、骨干职员 2 级和技术示范级。同年，宣布原专务理事、专务董事等 11 人退出董事会，切实减少了董事会成员的数量。同时，丰田增设了干部级别高管，摒弃了以往论资排辈的顺序，声明任何人都可以担任干部级高管。从本部长、副本部长，到区域的领导、厂长，只要是深入现场担纲决策的领导者都会有机会一试身手。

三星：家族世袭制集团公司下的金字塔式架构

2012 年，三星集团全年的销售额为 2 686 亿美元，占韩国 GDP 的五分之一。三星集团是一个典型的家族企业，创始人李秉喆深受日本财阀设置“参谋组织”的启发，于 1959 年成立了秘书室。三星集团实行三角经营体制，会长布局长期发展战略，“室”设计方案、分配资源和调整业务，子公司具体实施。“室”起初为秘书室，后期先后改名为结构调整本部、战略企划室和未来战略室。

起初秘书室的职员人数为 20 人，帮助会长处理财务、人事等日常事务。到了 20 世纪 70 年代，随着三星集团规模的不断壮大，秘书室的职能也更为多样化，涉及企划、调查、监事和营销等内容，人数也由 20 人增加到 100 人（截至 1972 年）。20 世纪 80 年代，秘书室已经发展成为 250 人的庞大机构，其权限也进一步升级。三星内部通常将进入秘书室工作视为一种荣耀，因为只有子公司中最优秀的，且进入公司 5 年以上的管理层方有资格进入秘书室。

秘书室在三星发展壮大的过程中起到非常重要的作用。

首先，秘书室利用散布在世界各地的三星员工收集情报，从 20 世纪 80 年代起成为韩国最强大的情报分析组织。强大的信息收集能力使秘书室成了三星集团的信息枢纽。

其次，秘书室掌握着金融资源分配权和子公司部长级人事任免权等。会长从企业的长远利益出发制定战略，在战略制定过程中秘书室不仅收集情报，建言献策，同时也在战略制定完毕后进行资源的合理分配，而子公司只负责资源分配后的执行过程。超过 1 000 亿韩元的项目必须经由秘书室批准。同时，子公司总经理可以支配的投资最高额度仅为 100 亿韩元，两相对比，可见秘书室权力之大。

最后，秘书室帮助三星集团在企业管理和家族治理中取得平衡，保证企业经营权的顺利传承，减少公司内部动荡。1994 年，三星集团内部开始着手启动经营权交接计划。根据韩国法律规定，韩国遗产税实施阶梯税率，最高额度高达50%，如缴纳最高额度税金的话，李氏家族甚至会失去对三星集团的控制权。当时，李在镕从李健熙手中获得了61亿韩元，通过一系列巧妙的操作，最后仅付出了16亿韩元的遗产赠予税，接着通过复杂的内部股权交易，李在镕以微小的代价获得了三星爱宝乐园的控制权，当年的李在镕年仅26岁，这些巧妙的资本运营背后隐藏着秘书室的身影。

秘书室集结了各领域精英，在企业管理和家族治理中功不可没，本质上是李氏家族的内置办公室，根本目的是加强李氏家族对公司的控制。但当家族利益和公司利益冲突时，秘书室如若公私不分，很容易将公司置于险境。

而负责实际执行的子公司在资源分配方面直接受秘书室制约，很容易逐渐丧失活力和创造力。

1987年李健熙接任会长后开始对秘书室进行转型，将经营权分散给下属公司。1998年秘书室人员缩减为100人，1999年正式废除“秘书室”这一名称，改称“结构调整本部”，2006年又改为“战略企划室”，2010年又改名为“未来战略室”。但是，不论名称如何改变，机构的地位始终没有改变，它依然是三星集团经营体制的核心。

电通公关在声誉管理组织架构方面的思考

首先，我们需要认真思考一个问题：声誉管理是公司治理层面还是企业管理层面的内容？对于声誉管理的定位不同，企业在组织架构上相应的设计也会有很大差异。我们学习了一些优秀公司的架构，结合服务客户的案例，构建了四种架构模型，供读者参考。

架构一：以 CEO 为中心的扁平架构

在此组织架构（见图 4–4）中，PR 是诸多部门之一，各部门间互有合作与沟通。PR 部门负责人向 CEO 汇报，CEO 负责统领全局。该架构的优势是各部门负责人直接向 CEO 汇报，减少了沟通时间，有利于快速决策和执行。但是，该架构要求 CEO 具有极高的个人能力，否则难以把控整个团队，CEO 也应当是公司最大的公关人员。

图 4–4　以 CEO 为中心的扁平架构

架构二：PR 辅助下的扁平式架构

CEO 下设置 CMO（Chief Marketing Officer，首席市场官）岗

位，负责营销和经营企划部门，CMO 直接对 CEO 汇报，并监督其他部门的运营（见图 4–5）。该架构的优势是 CMO 或 CRO（首席声誉官）可通过日常工作加强企业声誉管理，减轻 CEO 的工作量，为危机爆发时更好更快解决问题提供多方面的方案。缺点在于，一是该架构要求 CRO 或 CMO 具备极强的沟通能力，能够协调与 CEO 及其他部门之间的关系；二是 PR 部门相对独立，只作为顾问提出建议，不参与决策流程，因而发挥空间较小；三是 CRO 所具备的知识和经验更擅长风险和危机应对，CMO 则更擅长营销。因此为配合 CRO 而组建的团队不仅需要具备危机管理、风险控制等知识，还要能从市场营销的角度看待问题，以便取长补短。

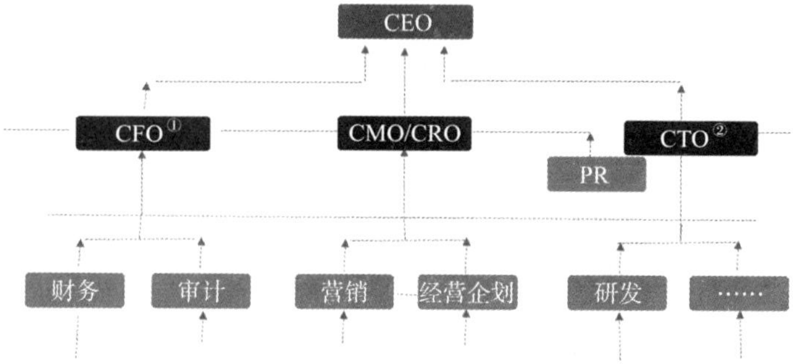

图 4–5　PR 辅助下的扁平式架构

架构三：PR 团队辅助各部门的扁平式架构

在此架构（见图 4–6）之下，公司整体架构呈扁平状，各部门

① CFO 即 Chief Finance Officer，首席财务官。——编者注

② CTO 即 Chief Technology Officer，首席技术官。——编者注

直接对 CEO 汇报，CEO 直接监督其他部门的运营情况。下设部门根据需求建立 PR 部门或 PR 团队负责部门企业声誉管理，PR 部门或团队向各部门负责人汇报。

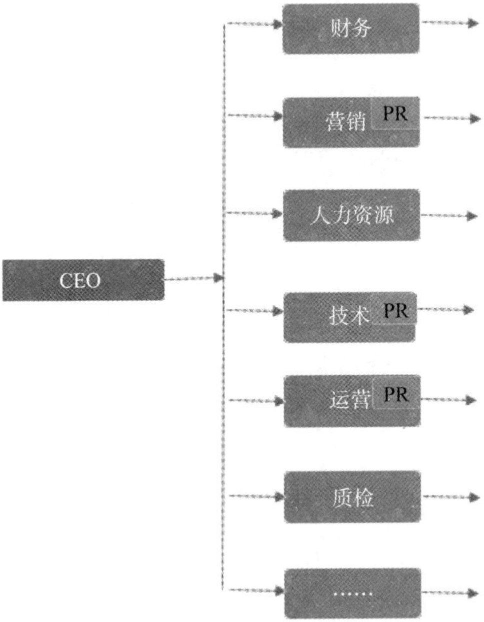

图 4–6　PR 团队辅助各部门的扁平式架构

该架构有两个优点，一是各部门根据需求建立 PR，可以进行交流与信息汇总，机动灵活；二是 PR 身处各个部门，了解大多数员工的具体需求，可以制订出更符合客户需要的执行方案。该架构也有两个缺点，一是 PR 缺乏统一领导，难以协调，很容易各自为政；二是 PR 没有权力直接向 CEO 汇报，各部门的 PR 不具备决策能力，智能发挥空间相对较小。

架构四：声誉管理委员会治理下的扁平式架构

该架构（见图 4–7）把声誉管理上升到公司治理层面，以声誉管理委员会为架构进行声誉管理。

公司整体架构呈扁平状，CEO 可兼任 CRO 岗位，也可另聘 CRO。CEO 之下设有声誉管理委员会，外部顾问可提供参考意见，内部事务局可加以辅助监督其他部门的运营情况。由于人多时可能会造成判断延误，因此声誉管理委员会的委员保持在 4~5 人为佳。

声誉管理委员会委员应由人力资源海外、危机管理、公关、经营企划部门的副社长和总裁级高级员工担任。声誉管理委员会直接向 CEO 汇报，地方公司的 CEO 可向声誉管理委员会汇报。同时地方也设置声誉管理委员会，向地方公司 CEO 汇报。

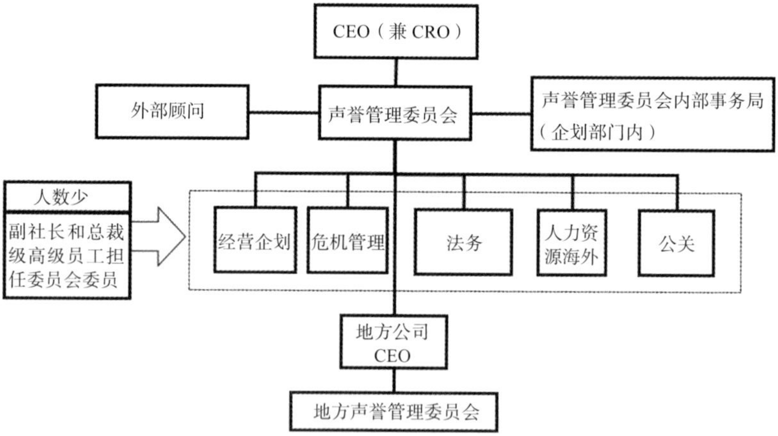

图 4–7　声誉管理委员会治理下的扁平式结构

注：经营企划、危机管理、法务、人力资源海外、公关在此指代具体职能，并非具体部门。

该架构可用于创新类公司、新兴行业公司、新成立的海外分公司等。PR 部门可以从一开始就全程参与制定公司架构、经营策略以及其他重要决策的过程；该架构也可用于单个项目或临时委员会，成员可从不同部门中抽调，也可邀请外部顾问构成团队一员，以便加强多样性。

该架构的优点有三个：

- 与框架二类似，设置声誉管理委员会可以通过日常工作加强企业声誉管理，减轻 CEO 的工作量。在 PR 部门的协助下，CEO 能以更为广阔的视野看待问题，为危机爆发时解决问题提供了更多的备选答案。

- 各部门负责人直接向声誉管理委员会报告，可减少层层上报沟通所需的时间消耗，有利于 PR 部门在危机爆发时团结其他各部门快速应对，维护企业声誉。

- PR 部门可与其他部门沟通合作并参与企业的决策过程，可以在危机开始前完善企业的声誉管理，防患于未然。

该架构的缺点也有三个：

- 与框架二类似，该架构要求 CEO 或 CRO 具备极强的个人素质，尤其是横向沟通能力，能够协调与其他部门的关系。

- 对委员会成员要求高：既要懂风险控制，也要懂市场营销。

- 声誉管理委员会对接地方公司 CEO 时可能会造成信息延迟，容易错过进行声誉管理的最佳时机。

因此，我们可以看到不同公司架构中公关部门和公关公司所处的位置。公关公司可以以顾问的身份参与到企业声誉管理的过程中去，并通过 3D 声誉管理体系为客户及企业自身培养更多优秀的人才。

电通公关声誉管理人才培养体系

3D 声誉管理系统是一个循环和互相印证的系统，所有的公关业务都归属于这个范畴，只是更突出某一个方面或某一个点而已。第一，3D 声誉管理系统可以收集信息、建立友军。第二，3D 声誉管理系统可以进行信息分析判断，其中包括攻的部分，也就是主动传播，寻找机遇，跟利益相关者对话，比如消费者、媒体等。也包括守的部分，即潜在的风险和危机，提前做准备，防患于未然，功夫做在平常。第三，3D 声誉管理系统可以进行议题策划（制造话题）。确定做什么样的话题传播更有效，更符合目标受众或人群。第四，3D 声誉管理系统可以进行宣传和扩散（传播），判断传播效果是否理想，是否能带动销售，是否与预期相符，也就印证了前面三步的正确性和有效性。现在，电通公关又加入了 AI（人工智能）单客[①]对话，希望让客户高层能及时了解企业以及行业动态发展，提前预估风险，让老板们睡觉踏实，路上安心。

除了 3D 声誉管理系统之外，电通公关还拥有独特的职业发展思考体系，即 3C 体系，如图 4–8 所示。

---

① 单客，即以个体身份参加活动的人。——编者注

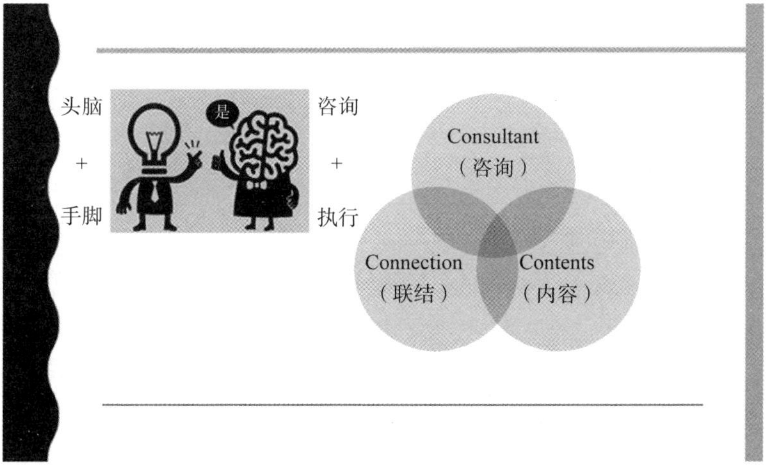

图 4–8　电通公关人才培养 3C 体系

Consultant 意为“咨询”，指电通公关可以向客户提供的咨询服务内容，包括高层沟通、MYimpact 培训、声誉管理和危机管理等服务。

Contents 意为“内容”，说明电通公关可以对客户“量体裁衣”，通过线上线下两种方法，针对具体问题可以创造内容，规划议题，设计对话，攻守并进，进行传播规划。

Connection 意为“联结”，指电通公关可以联结内外资源，以期用最短的时间帮助客户解决问题。

电通公关不仅可以在实际服务过程中承担媒体关系梳理，进行 B2B 或 B2C（企业对个人）的市场营销、调研、信息收集与分析等类似于“手脚”的工作，还可以承担“头脑”的工作，通过高层沟通、MYimpact 培训等方式向客户提供高端咨询服务，结合各方信息和资源向客户提出中肯而可实施的建议。通过既做头脑，又做手脚的方式，电通公关正朝着“联结世界，成就你我”的目标而不懈努力。

电通公关的培训业务

公关行业属于智力行业。培训在公关行业中司空见惯，无论是内部培训还是为客户做培训，都是公关公司轻车熟路的事情。不过，你见过成立培训事业部，将培训作为核心产品和业务的公关公司吗？

培训事业部：另立“正业”

2018 年 6 月 28 日，在上海举行的电通公关 PR+ Lab（PR 战略研究所）产品升级沙龙上，Myco 对外宣布成立培训事业部。这让在场的人都觉得有些意外。在这之前，无论一对一还是一对多的企业高管培训，我们的团队已经积累了很多成功经验，从理论讲解到实战演练，从 MYimpact 的 3V 点评到 3D 声誉管理的实际应用，理论和实践紧密结合在一起，为客户解决了很多实际问题，我们也因此获得了众多客户高层的信任和支持。即使这样，成立独立的培训事业部，仍然超出了很多人的认知。电通公关，为何如此“不务正业”？

其实，成立培训事业部，是我们长期思考和摸索的必然结果。

前文详尽分析了当前国际国内的政经环境，也分析了公关行业的发展态势。特别是互联网的蓬勃发展，新媒体的崛起，大众时间的日益碎片化，都使得公关行业在这个快速变化、信息爆炸的时代，面临更严峻的考验。

公关从业人员近年来也深深地感受到外部环境带来的影响，有人甚至认为公关行业进入了寒冬。3D 声誉管理对于公关行业而言可谓另辟蹊径。我们在奔向未来的同时也面临着一个难题：以对话经营者为根基的 3D 声誉管理，怎样应用于实践，发挥其价值？

声誉管理是一个长期的工程，要帮助客户实现声誉管理，首先要和客户建立起长期的深度合作，更需要对方充分的信任。对话经营者仅仅靠专业和一腔热忱还不够，要能够深入了解他们的需求，帮助他们做判断和决策，就需要团队成员具备更高的职业和专业素养，具备经营者思维，能够实现和经营者的深度沟通和协作。电通公关需要培养出可以对话经营者的优秀人才。这样的人才需要具备双重优势，深厚的专业素养和担当咨询顾问的能力不可或缺。我们要求团队，既能做客户的手脚，又能做客户的头脑，能够先客户想一步，多比客户走半步，作为客户最真诚和专业的伙伴，陪伴他们成长。这样的要求，以往的传统培训方法以及依靠实战“师傅带徒弟”的人才培养机制是无法满足的。

另一方面，3D 声誉管理相对传统的公关业务而言，是一个系统化的工程，与客户的接触层面从经营到品牌，再到产品，贯穿于客户经营的整个链条之中。3D 声誉管理着眼对话经营者，他们有着对声誉建设的需求和渴望，也有着对声誉的基本认知。同时大多数经营者对市场、品牌和营销也有着很深的理解和认识，很多经营者自身也是品牌管理和营销传播方面的高手。想要让他们接受 3D 声誉管理，想要取得他们的信任，能够接纳我们和他们一同成长，传统的公关业务是无法满足要求的。

所以电通公关的培训事业部，是以客户和业务为导向的，同时也承担引领公司未来发展的职责。就像我们在实施 3D 声誉管理的过程中，根据不同的利益相关者的特性设定不同的议题，采取个性化的手段展开沟通一样，培训也成为针对内部和外部（客户）不同的需求和特性，进行深度沟通的重要手段和平台。同时，培训本身也是 3D 声誉管理系统和构建经营者形象与声誉的 MYimpact 实施的重要手段。所有这些，都在呼唤专门的部门担当起系统开发与完善培训产品体系并对内外实施多样化培训的重任。

电通公关的培训事业部，就这样应势而生。

对外培训，为出席国家会议的企业高管“赋能”

2018 年初，我们突然接到通知，两天之后要为客户高层做一对一培训，而且是为该高层即将出席国家重要会议做培训。

通常一次企业高管的培训，都需要事先做好充足的准备。前期的资料收集和调研都是必不可少的。尤其一对一的培训，更需要针对性地了解高管的一些具体需求，包括其个人喜好、习惯和培训接受方式等。同时，我们要查阅前期高管出席重大活动或会议，接受媒体采访的报道或视频资料，至少提前1~2周做准备工作，才能量身定制适合高管本人的针对性培训，以期收到好的效果。

这次只有3个小时的一对一培训，时间紧，任务重，要全力以赴才能保证培训的效果，当时团队面临的压力可想而知。

我们快速梳理了思路，确定了行动计划。首先，我们请对方提供高管相关的个人履历、过往演讲或接受采访的视频等资料，同时明确此次采访的目的、课题和期望等。我们从客户处了解到，此次高管代表企业出席国家会议，希望以最理想的状态代表企业形象，承担品牌发言人的角色，同时形成自我风格。由于该高管出席公众演讲的场合较少，也很少接受媒体采访，对党政媒体的了解不多，所以他希望在汇报演讲上有所提升的同时能从容应对媒体访谈。

根据以上了解到的情况，我们进一步制订了面向实战的个性化培训计划：3小时左右的培训课程，包括15分钟的中国媒体概况和媒体采访小建议分享，15分钟的MYimpact和3V理论介绍，剩下的150分钟全部用于高管在不同场景下的练习，如公众演讲、电视采访、直播间访谈等，然后进行视频回放，讲师现场进行3V点评，理论讲解和实战演练相结合。具体如图4–9所示。

培训当天，30分钟的理论讲解之后，实战演练就紧锣密鼓地展开了。高管在我们设置的场景和话题下，使用我们提供的理论和方法展开应对，在场的讲师不但进行记录，同时还通过摄像机将整个过程拍摄下来。

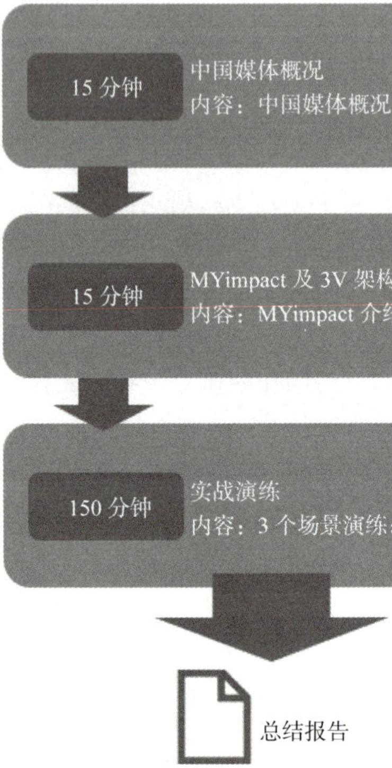

图 4–9　对某企业高管的培训

为了保证点评的专业性和全面性，当时一共有三位讲师在场。其中一位资深公关人擅长媒体沟通，对党政、大众、财经、网站等媒体的特性都非常了解，因而主要针对不同类别媒体关注的问题以及回答的技巧提出建议。另一位讲师偏向内容把控和产出，基于对客户及政府、行业的了解，针对不同的媒体问题，对于需要突出哪些信息，规避哪些陷阱以及回答内容的技巧给出建议。还有一位讲师基于电通公关的国际商务领袖演讲培训产品，从 3V 的角度提供演讲及表达技巧的专业性意见，包括肢体语言、眼神、声音、语速等。

在不断地练习、视频回放、现场点评中，三位讲师从不同维度给予专业性建议，比如，眼睛专注地看对方或镜头，保持微笑，避免小动作，提前熟悉场地环境、着装搭配，回答问题要尽量陈述客观事实，避免太多个人感受和情感色彩等。

三个小时全方位的讲解、练习、点评和 Q&A，充实而高效。该高管后来无论出席会议还是接受媒体采访时的表达和状态都显现出这次培训的良好效果。不论从直播间和视频访谈中，还是从媒体报道的内容中，该高管表现得体，应对从容，从汇报、演讲到媒体访谈都进行得非常顺利。事后，他专门对我们表示了感谢。

对内培训，一起憧憬 3D 声誉管理

2018 年电通公关携手 DAN① 大学正式启动“讲师 / 顾问人才培养计划”项目。早在 2015 年，电通公关的三年人才培养计划就提出培养 10 个声誉管理方向的讲师和顾问的目标。为了这个目标的推进和实现，Myco 也一直在物色合适的候选人，并有步骤地进行重点训练和培养。

这一行动，从公司内部的人才培养规划发端，2018 年 3 月开

① DAN 是电通安吉斯集团的简称，DAN 大学是其建立的一所大学。——编者注

始着手讨论和准备。第一份“讲师 / 顾问人才培养计划”的内容比较丰富和完整，包括了培养对象的条件和要求，结合电通公关的 3C 人才模型和两大核心产品（MYimpact+3D 声誉管理）设置了不同阶段及线上线下的培训内容等。

考虑到电通公关核心产品的应用和推广，对于优秀高阶人才的高度渴求也与目前集团对于人才培养的需求相吻合，在与 DAN 大学的相关负责人达成一致意向后，电通公关最终决定将“讲师 / 顾问人才培养计划”作为一个寻找人才的项目面向整个集团开放；同时借助 DAN 大学的专业经验和参考建议，能够保证从前期的招募和调研，一直到培训计划的各阶段落地执行，都能有的放矢。

2018 年 4~5 月，“讲师 / 顾问人才培养计划”的线上招募在集团内部进行了两波通告，相关负责人在后台陆续收到了上百个来自不同品牌同事的报名申请。因为对于培养对象条件的限制门槛较高，最后的选择聚焦在有对话经营者机会和需求的，至少总监级的人身上。同时我们也吸收了有着强烈学习意愿，对于成为讲师或顾问感兴趣，并将讲师或顾问作为自己成长和发展目标的伙伴作为助教加入项目，一起学习，共同成长。

在招募和筛选的过程中，针对申请报名参加培养计划的学员，DAN 大学辅以简单问题调研，如：申请参与此次人才培养计划的原因是什么，希望通过参与此次培训项目获得什么等。学员们都给予了非常认真和翔实的回答。

结合大家调研的反馈和期许，包括学员们所在品牌或部门的情况，我们首先开始了北上广三地线下工作坊培训的课程设计及课件制作，将电通公关的两大核心产品，结合多年来的实践经验，分别以理论加案例分享与课题分组讨论的形式实施，并设计了全新的工作坊内容，希望学员们有所收获。

5月中旬，在北上广三地，三天的线下工作坊马不停蹄地展开。每场5个小时的工作坊，包含理论讲座、案例分享和话题讨论。我们所有VP（副总经理）也参与其中，作为各业务部门的领头人，以经典案例分享的形式，以更好地服务于现有的客户为目标，分享3D声誉管理区别于传统公关的执行做法。

很多学员都表示很少参加这种类型的培训，收获很多，在吸收知识的同时也在思考与自己工作内容的结合。在分组讨论中，大家相互交流和碰撞，把学到的理论现场用于实践，同时发现问题，提出困惑，感同身受地体察学习效果。

随智慧飞翔：3D声誉管理与dongme

随着时代的进步，科技飞速发展，AI日趋成熟并广泛应用在生产生活的方方面面。在公关行业，舆情管理、客户服务等都可以通过应用AI、大数据、云计算等技术，特别是AI技术，更高效地展开工作，并为客户提供更加优质的服务。

3D声誉管理强调对话经营者，攻守并进，对话与沟通是一个涵盖公关行业全链条的系统。现今的社会环境、政经环境和舆情环境，需要更高效、更精准地展开沟通。因此3D声誉管理也在更积极地拥抱新技术、应用新技术。

为了更好地服务客户，我们首先将AI技术应用在舆情的智能监控上。相比传统的监测系统，我们的系统充分反映着3D声誉管理主动管理、攻守并进的思想，运用AI智能化地为客户提供更加精准的舆情管理工具。

我们将客户需求与3D声誉管理模式相结合，通过AI技术及大数据的应用来解决，这就有了dongme产品概念的诞生（见图4–10）。

dongme译名为“董秘”，也有“懂我”之意。

图 4–10　dongme 概念的产生

“dongme”是基于电通公关“3D声誉管理”研发的人工智能平台，从Design（设计）、Dialogues（对话）、Defense（防守）三个层面对公司声誉进行全方位管理。具体如图4–11所示。

在构建与推动3D声誉管理的过程中，dongme从经营、品牌、产品三个维度入手，实现与社交媒体的线上线下、即时精准的对话，攻守并进。

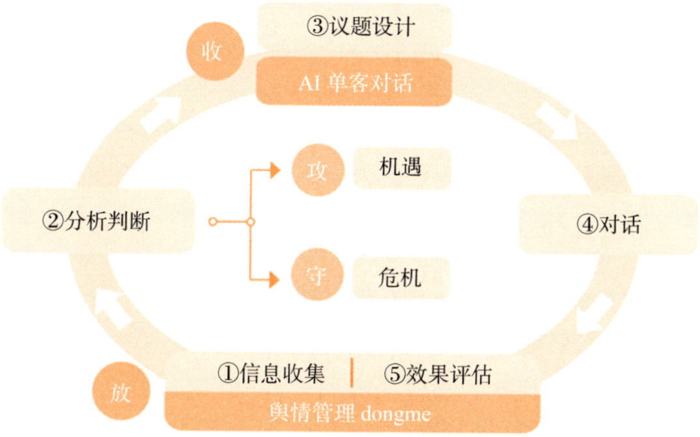

图 4–11　3D 声誉管理的 AI 应用

挣脱枷锁

舆情监测、舆情管理是公关公司的基本功，也是绝大多数公关人闻之色变的工作之一。究其原因，在于以往我们面对舆情只有被动应对。下面我们就结合一个真实故事体会一下。

场景一：

凌晨 4 点，A 君翻来覆去睡不着，习惯性地拿起手机打开微博，输入了自家产品的名字，逐条翻阅每位网友的评论。

吃早餐、去公司的路上，A 君几乎每隔半小时就要刷新一次关注的核心平台，每次都会出现几百条相关信息和评论，其中包括大量重复的无法过滤掉的信息。

作为企业的经营者，A 君更关注针对品牌和产品的负面声音以及原发位置，这样大量的检索和浏览耗费太多的时间和精力。

这是近年随着新媒体的日益发展，A 君养成的工作习惯。来这家跨国公司之前，A 君在多家国内外知名企业工作过，从普通员工做到经营者，曾经同时管理几百个项目。手机必须 24 小时开机，因为他必须随时准备救火。

场景二：

晚上 12 点钟后，每次听到电话铃声响，A 君都会心跳加速。因为这往往意味着某个重大危机发生了。

清晨 5 点，A 君的微信信息提示音连续响起。

发信息的是 A 君的好友，某快消集团 CEO B 君。

“你家产品出事了！”同时，B 君转发过来一篇微信文章。

A 君来不及回复，立即点开，发现这篇文章的阅读量已经超过 10 万，内容还属于造谣。他立刻坐不住了，立即转发进微信工作群，指令员工即刻处理。

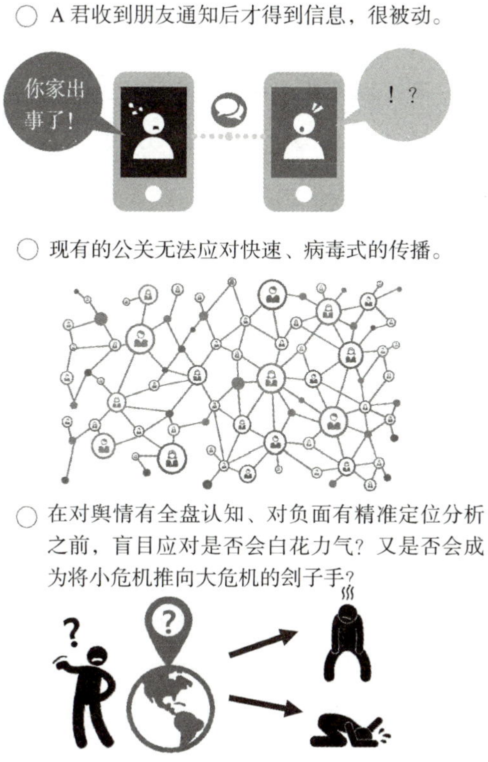

图 4–12　话题

A 君又立刻拨打了 CMO 的电话：“你看到我刚发的那则消息了吗？”

CMO 还不知情，马上上网找相关信息，并分别联系公关部与代理公关公司：“这些都是恶意攻击，要不惜代价马上处理，快点删。”

得到大老板的危机预警和指令，公关部和代理公关公司取消了当天的工作安排，清晨5点多便开始处理此事。

此时，事件已发生6小时，所有的主流媒体及社交平台都进行了大量转发，外界舆论发酵犹如洪水滔天，对企业形象影响巨大，需要投入大量的时间和成本应对，结果未知。

场景三：

A君为了防范互联网环境下的舆情风险，订购了很多舆情服务。

某天，A君正在与客户进行重要的商务谈判。

手机震动不停，屏幕上弹出很多提示信息。

A君很紧张，担心又出什么事，却因顾虑在场的重要客户不敢看手机。

客户察觉到A君的焦虑，很礼貌地让A君回复信息。

A君起身来到窗前，打开手机后却发现只是某KOL拿自家产品作为行业参与者的角色罗列。A君虚惊一场，却影响了会议，内心有些郁闷。

凌晨3点半，手机不停跳出信息提示。

打开台灯，戴上花镜，A君又习惯性地起身拿过手机查看。

近日 A 君的产品在全球同步发售，在夜里也需要关注海外市场的舆情反馈，大量信息让 A 君连续几天都未能安然入睡。

故事的主人公 A 君是我们的真实客户，而且他不是个例。我们接触的企业领导人、经营者中，绝大多数人都会因为担心负面情况发生而每天充满不安与焦虑。电通公关结合多年的客户服务经验和与经营者的沟通，认为在舆情管理方面，经营者们迫切需要一套能够“随时随地掌握一手的真实信息，并进行管理”的舆情工具。

dongme 的发展

dongme 的研发，除了基于我们长期对客户需求的洞察，也必须要考虑和结合当下的舆情大环境和趋势。现阶段来看舆情趋势主要有以下特点。

全面互联网化

（1）从传统媒体到全媒体平台。传统媒体将被新兴的互联网 / 数字化媒体所取代。

（2）互联网 / 数字化媒体具有快速传播、广域覆盖、自媒体化等特点，舆情监督要在第一时间做出反应。

人工智能化

（1）机器学习 + 情感分析 + 认知计算，为我们打造了一个舆情监督领域的“私助”。

（2）AI 分析的准确度随着时间的推移会越来越高，经验、体力、关注力、个人主观因素等原因，会明显影响人类对于舆情判断的准确程度。

面向企业 TOP（高层）用户的服务

（1）面对海量信息以及快速传播的数字化平台，全新的互联网 +AI 成为应对未来舆情监督的主流技术。

（2）未来企业的决策链越来越短，趋势要求我们对决策人的支持要满足快速、准确、全面的要求。

全方位立体式声誉管理

（1）未来企业对舆论的管理将从现在的被动舆情应对，逐步发展到企业声誉管理阶段。企业需要长期、持续地对自身的公众声誉进行管理。

（2）声誉管理不单单是对发生的舆情事件进行响应，同时需要专业的工具以及有效的管理手段去引导舆论走向，让企业更从容地面对广大消费者。

dongme 目前还处于研发阶段，我们一直在思考和尝试，不断 PDCA，在“互联网 +”“人工智能”“区块链”等快速发展变化的大环境下，合理地应用技术来帮助我们的客户——走进来和走出去的企业经营者们进行舆情管理，实现全方位、立体化的声誉管理。

目前，dongme 也处于视觉稿和半功能原型阶段，我们已经开始不断地与目标客户进行用户测试。因为用户测试开始越早，修改和调整就越是便捷，早期有效调整对于最终产品的正面影响也是最大的。dongme 测试的 6 个知识，如图 4–13 所示。

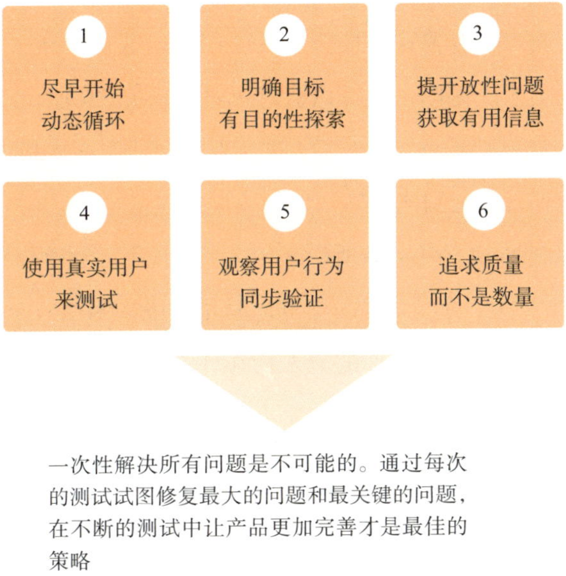

图 4–13 dongme 测试的 6 个知识

同时，我们不能盲目地追随着用户体验，却忘了用户体验的根本——用户需求。我们不是科技公司，我们的目的是通过技术的应用来更好地解决高层管理者在舆情监管方面的痛点。只有需求存在，才会有产品的产生；只有用户体验存在，才会有优质产品推出。因此，在用户测试的过程中，我们必须要去验证高管们的痛点。

我们首先选择世界500强企业和中国500强企业，进行需求测试工作。初期我们在金融和通信领域寻找有代表性的顶尖企业，与它们展开合作，在它们的声誉管理体系中测试dongme的原型。之所以选择这两个领域的企业，主要是它们在产品与AI应用方面均走在前端。它们不仅对新技术有着更高的接受度，也对应用方案有着更高的要求。我们的测试也是一个双向了解的过程，在帮助它们了解3D声誉管理最新进展的同时，我们也充分了解了它们的实际需求，判断出企业以及行业对3D声誉管理和3D声誉管理的智能应用有多高的友好度，初步判断能否对企业的实际情况、个性化需求展开定制化。

正像图4–14中第6条所说，在这个时代下，竞争环境也变了，不再是二维的、同行业间的竞争，而是三维、四维甚至更高维度的跨界竞争。你不知道你的敌人会在什么时候，从什么地方冒出来。他可能是个从未谋面的陌生人，你们无冤无仇，只是一个不小心，就能让你倒霉。所有与你相关的政治、经济、技术等多方面信息，都可以用大数据和人工智能来精准捕捉和分析，不仅仅是前面提到的“守”，更需要主动出击，通过“攻”的方式帮助企业经营者判断机会、抓住机会及指导战略方针。这就是电通公关希望将AI技术应用于3D声誉管理中的原因。dongme是电通公关战略研究所走的第一步。

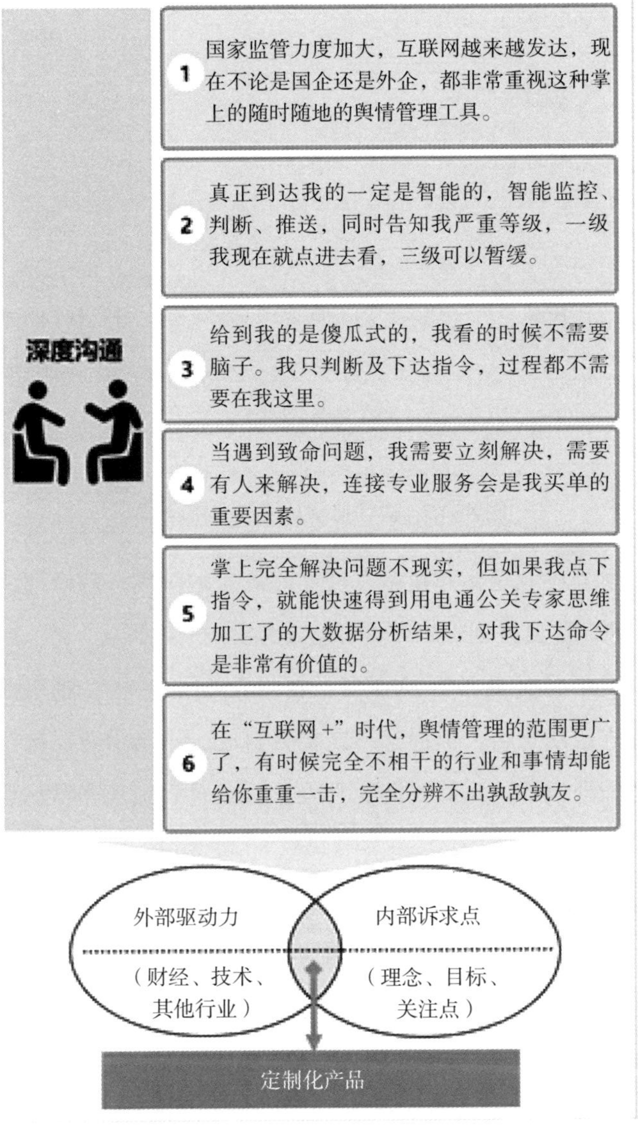

图 4–14　dongme 高层测试摘要

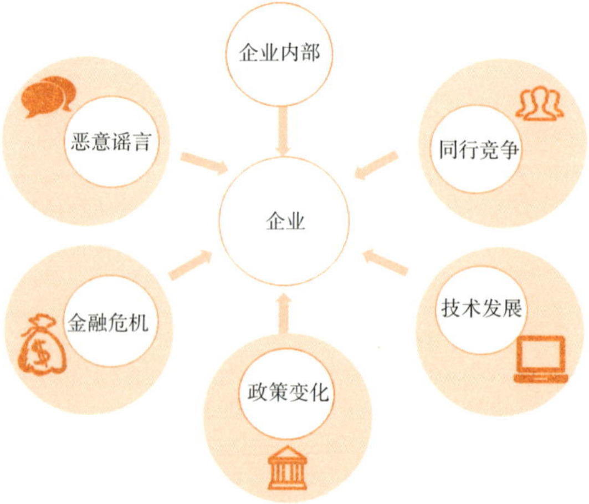

图 4–15　舆情监管环境需多维考虑

在这个环境变化和技术发展如此迅速的时代，曾经被认为是金科玉律的经典规则，如今也可能成为发展的阻碍。

研发更是如此，环境在变，技术在变，用户习惯在变，我们不确定成功与否，但通过不断提升自己、不断学习，保持一个足够开阔的视野，我们就能比别人早一点看到未来，早一点抓住机遇。

正如其他互联网产品一样，dongme 从诞生之初就围绕为声誉管理、公关行业提供基底和支撑的方向不断向前奔跑着。伴随着快速迭代，未来我们希望 dongme 能够更懂客户。定制化方案、客制化以及与既有 CRM（客户关系管理）、舆情监测系统的互联互通，还有追随 AI 与区块链最前沿发展而生的创新功能，都值得我们共同期待。

【声誉管理小贴士】

找对人搭对班子，事儿就成了一半

没有哪个企业、品牌或个人会觉得声誉不重要，我们也看过很多声誉危机直接影响股价，让品牌一蹶不振的例子。

进入公关行业 11 年来，我的最大感受是，广告是情书，公关是用第三方事实说话。公关接触高层的机会比广告多，若搞不清客户内部组织架构和决策者，公关活动极易失败。

高管经常问的问题是，该怎么搭班子？

沟通的时间成本往往决定应对的速度和质量，决策者亲自参与，自上而下打通沟通渠道的机制是最理想的。但经营者要决策的事务很多，建立声誉管理委员会是非常有效的方法。同时，可以根据需要，加入独立于执行团队之外的外部顾问，政经、媒体、法律行业的资深顾问。

公关涉及的利益相关者很多，某前辈说：公关就是人际关系（PR is people relations），搞清需求，找对人，搭好班子，可以说事儿就成了一半。

附录 1　电通系方法论

企业魅力度模型

"企业魅力度模型"（见图 a）是电通公关本部为协助客户成为具有魅力（良好声誉）的企业所开发的工具。企业魅力度调研可以用来准确定义与诊断企业在公众中的认知，也是一种将主观印

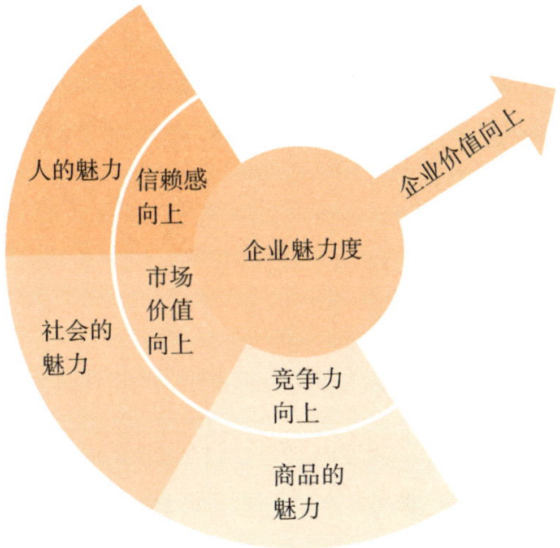

图 a　企业魅力度模型

象客观化、标准化和数据化的方法。

衡量企业魅力度的三个核心因素是社会、人、商品。从这三个维度了解不同类别媒体对本品及竞争品牌的认知和印象，通过调研问卷的数值综合分析该品牌的影响力（魅力度）分布，可了解目前品牌沟通的现状及未来面临的课题，进而通过制定有针对性的公关活动，提升企业品牌的魅力度。

通常情况下选择 2~3 家同行业、同量级或者认知类型相似的企业作为参照，邀请不低于 20 位专家、媒体等，分别完成一整套调研问卷，最后通过将有效问卷信息加权计算，获取调研企业以及参照企业在三个维度上的得分。

八大公关力管理模型

八大公关力管理模型由电通公关本部的企业公关战略部门研究开发，是从八个角度来综合分析企业公关力的数据模型（见图 b）。

通过分析调查结果，可以了解特定企业对公关的重视程度以及其长处与短处，还可以了解在公关力方面，不同规模、不同行业企业间的差异与差距。

五大危机管理力调查法

与八大公关力管理模型相似，五大危机管理力调查法是从五个角度来综合分析企业危机管理力的数据模型。通过分析调查结果，可以了解特定企业危机管理力的强弱，多用于了解不同规模、不同行业企业间的差异与差距。如图 c 所示。

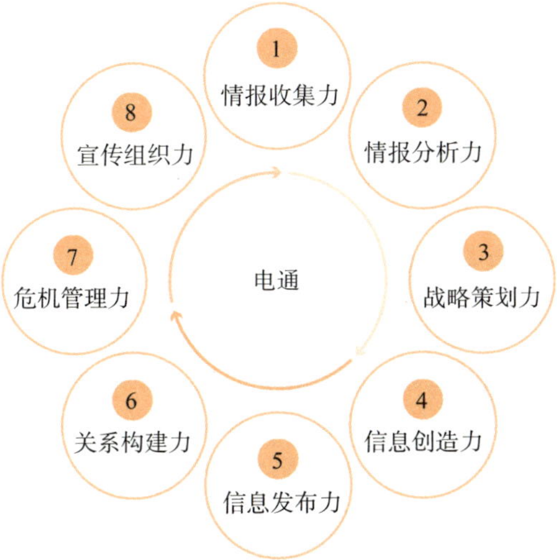

图 b　八大公关力管理模型

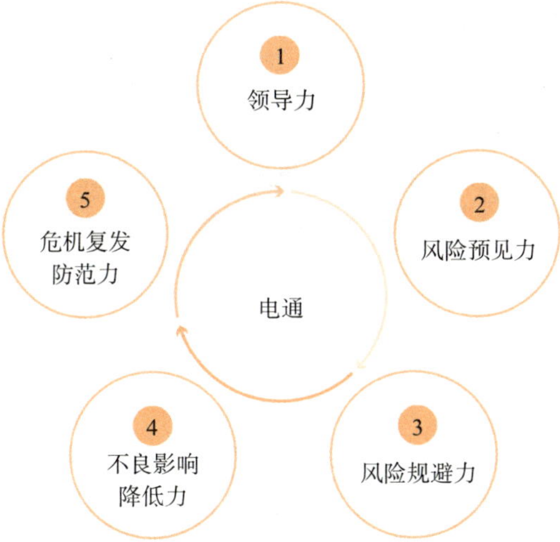

图 c　五大危机管理力调查法

在根据项目实际情况选择适合的工具进行线上、线下信息收集的过程中，我们同步开展声誉管理所用的素材积累及关系建立——Factbook 及友军。

PR IMPAKT 六要素方法论

下面要介绍的电通系方法论“PR IMPAKT”（见图 d），更偏重设计能够抓眼球、获得高点击量、快速引爆传播的标题和传播内容。

Inverse——悖论、对立结构
Most——最高级、首次、独自
Public——社会性、地域性
Actor/Actress——演员
Keyword——关键词、数字
Trend——趋势、潮流、季节性

如果没有把自己当作媒体
（电视台节目的导演、新闻记者、杂志编辑等）
来思考和验证，
那就没有任何意义

图 d　PR IMPAKT 方法论

注：出自电通公关本部。

PR IMPAKT 总结了六个媒体想要报道的重点，是电通公关本部的原创方法论。电通公关本部通过对大量新闻进行调查和分类，总结了媒体在报道新闻时会从何种视角着手进行采访，会以何种视角进行取舍和选择等问题的答案。

PR IMPAKT 方法论完美再现了媒体人脑海中对新闻的判断过程，从这六个角度进行分析，议题设计的突破口也丰富起来。通常我们设计的议题，甚至会同时遵循其中的 2~3 条原则。

十大情感诱因

大众通过社会化媒体分享信息，即便是吐槽也不可能是毫无感情的。因此我们在将自己的想法向他人展示时，在想法构建期间就要设想好展示时需要抒发何种情感，这是非常重要的。这里我们会运用到电通公关本部的十大“情感诱因”方法论。具体如图 e 所示。

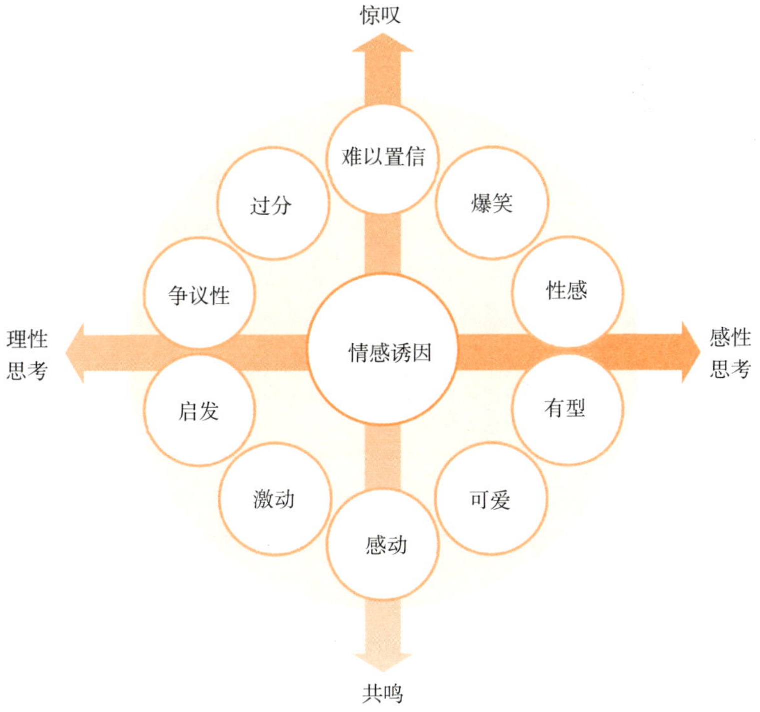

图 e　十大情感诱因方法论

在实践中我们设计的社会化议题通常会同时在四个方向上匹配多个社会情感因素，进而从不同角度引发共鸣，推动话题的扩散（见表a）。

表a　十大情感诱因说明

情感	说明/示例
感动	父子的暖心片段，实现不可能的挑战→"泪如泉涌"
激动	中国运动员逆转取得胜利，令人怀念的片段→"激动""进啦"
难以置信	鬼斧神工的技艺，具有冲击性的结尾→"太厉害了""头一次见"
爆笑	整蛊，突发事件影像→"笑得肚子疼"
有型	超级小鲜肉的酷酷形象，简洁的设计→"苦闷""太帅了"
可爱	猫猫的睡相，婴儿的反应→"太可爱了""被治愈了"
过分	哭着开的解释说明会，查明丑闻的真相→"太可恶了""怎么能有这样的事"
启发	名言，可以实践的小技巧→"说得好""想让那个人教我"
争议性	意见不统一的照片和选项→"我觉得应该……""我是某某派"
性感	诱惑、性感的动作→"没想到可以看到……""简直不能移开目光……"

注：出自电通公关本部。

附录 2　声誉管理之长期议题：CSR 与 CSV

什么是 CSR？

Corporate Social Responsibility，简称 CSR，是企业社会责任的意思，指企业在其商业运作中对其利益相关者应负的责任。企业社会责任的概念是基于商业运作必须符合可持续发展的理念，企业除了要考虑自身的财政和经营状况外，也要加入其对社会和自然环境所造成的影响的考量。

“企业社会责任”概念最早由西方发达国家提出，近些年来这一思想广为流行，连《财富》和《福布斯》这样的商业杂志在企业排名评比时都加上了“社会责任”标准，可见西方社会对企业社会责任的重视。

什么是 CSV？

整体而言，中国企业、品牌、组织的 CSR 建设大多还处在初级阶段。而在国际上，CSR 的研究和实践已经拥有更多新进展、新理念和新思想，其中一个重要的思想就是 CSV，即 Creating Shared Value，创造共享价值。创造共享价值的核心前提是公司的竞争力与周围社区的健康发展是相互依存的。

企业可以通过以下三种方式构建 CSV 体系。

（1）重构产品和市场的关系。企业可以满足社会需求，同时更好地服务现有市场，进入新市场，或者通过创新降低成本。

（2）在价值链中重新定义生产力。企业可以提高投入和分配的质量、数量、成本和可靠性，同时充当重要自然资源的管理者并推动经济和社会发展。

（3）支持本地协同开发。企业不会孤立于周围环境而运作。例如，为了竞争和同步繁荣与共赢，企业需要可靠的当地供应商、运转良好的道路和电信基础设施、人才，以及有效和可预测的法律制度，企业与当地共建这些系统。

CSR 与 CSV 的关系

CSR 与 CSV 有什么样的关系？如果从传统角度出发探究 CSR 的发展，我们不难发现 CSR 与 CSV 并非对立关系。

第一代 CSR（CSR 1.0），可以理解为捐赠者。履行 CSR 的企业是“好公民”，它们相信组织和社会之间的相关性，也明白其经营活动对社会产生了不利的影响，想回馈社会，进行补偿。这里“好”的原因往往是随机的，并且由少数人（通常是企业的经营者）的个人喜好驱动。

第二代 CSR（CSR 2.0），可以理解为回避者。履行 CSR 的企业清楚地认识到它们对社会的影响，它们行动的主要目标是减少自己活动的任何负面影响。

第三代 CSR（CSR 3.0），可以理解为创造者。它们接受创造共享价值的概念，并将可持续性发展视为一个正和游戏。履行 CSR 的企业，把企业社会责任看作一种投资，而不是一种额外成本。这些企业的经营者对他们所从事的针对性活动也更具选择性。他们认为没有企业可以解决社会的所有问题，因而他们转而关注那些影响企业运营场所有关竞争力驱动因素的社会问题。

CSR 不断发展，其核心思想与行动将与构筑 CSV 越来越接近。这也是全球范围内逐渐用 CSV 的思想取代 CSR 理念的根本原因。

CSR 的成功案例——“为爱上色”

2019 年，“为爱上色”项目进入第十个年头。十年来，“为爱上色”项目持续为偏远山区的孩子们美化校园、改善学习环境，并支持他们的美术、艺术教育，成绩斐然。

- 累计完成 322 所校园美化工程
- 累计捐建 298 间快乐美术教室
- 超过 90 000 名山区孩童受益

是什么能让一个涂料品牌十年如一日，坚持深入中国的贫困山区，为中国的教育，为山区的教育提供持续的帮助？这个项目为什么能够取得巨大的社会效益与成就？

2009 年，该品牌“为爱上色”CSR 项目启动，开始为偏远山区的学校美化校园，改善学习环境，用色彩支持孩子的美术教育，创造出快乐童年生活。

经过十年的发展，“为爱上色”已成为一个可持续发展的开放式公益平台，成为独具影响力的公益品牌。如今，“为爱上色”公益平台已汇集了青基会、儿慈会、陶氏、凯德、尚品宅配等超过 40 家非政府组织、企业以及媒体，通过导入更多社会资源，利用品牌的产品特性与渠道优势，开展多元项目，将平台影响力做大，照顾更多孩子的需求。“为爱上色”的可持续发展已成为整个项目的重要目标。

十年来“为爱上色”计划，从美化学校环境，延伸至对美术教育的支持。在创办的十年时间里，该品牌联结合作企业、学生、媒体、基金会、艺术家等，通过与他们的共同协作推广“为爱上色”计划，通过时间的积累，不断地迭代、升级，“为爱上色”已经成为一个可持续发展的开放式公益平台。越来越多的人、企业、基金会、媒体愿意主动地参与进去，为偏远山区的学校美化校园，改善学习环境，用色彩支持孩子的美术教育，为他们创造快乐的童年生活。

附录 3　引起行业热议的电通公关“1·18 生日派对”

电通公关也和客户一起做过很多点击量达到上百万的成功案例，但如引言中所写，为了对客户信息保密，本书不引用客户案例，而是聚焦我们每年定期会做的生日派对，目的在于解析什么是符合长期声誉管理的社会议题设定，以及应该怎么做。

国内有很多非常优秀的话题营销公司，也有很多关于成功案例的公众账号和书籍，如品牌公关入门书推荐李国威老师的《品牌公关实战手册》和“好多课”平台。建议读者可以结合自己做过的成功案例，或正要做的社会化议题传播，用本部分阐述的方法论，尝试着设计经营者会感兴趣的符合长期声誉目标的社会议题。

正如天时地利人和，不同企业和不同人在不同时代、不同成长阶段的需求是不一样的，方法论不是万能的，要找到对你有用的。

你见过这样的4A公司生日派对吗?

2018年1月18日是电通公关公司更名和重生的第三个生日。

在这一天，北京启皓社区出现了一波身着黑衣、面带严肃又不失性感表情的神秘年轻人，在一楼大厅突然以某种奇特的频率一起抖起了双肩……

在这一天，同一个社区的邻居和来宾与我们一起分享了生日的喜悦。国际顶级演讲导师马丁·纽曼先生、电通公关CEO郑燕、启皓CHO（首席人力官）一起为热闹的启皓北京大堂里的人们分蛋糕。

在这一天，“PR+？”主题沙龙举行，马丁·纽曼先生、创意策略规划专家段妍玲女士、新合资本执行董事励京娜女士、懒熊体育创始人韩牧先生、纪录片导演谢隽先生、总裁读书会创始人刘世英先生、启皓CHO及启皓工社负责人克里斯先生等大咖齐聚一堂，激辩公关的过去、现在和未来。

在这一天，电通公关正式发布“PR+ Lab”战略研究所，电通公关的与时俱进更进一步。社会与技术的快速发展，AI应用越来越成熟，也为公关行业带来更多可能，通过战略研究所的研发工作，电通公关将不仅获得工作效率的提升，更能够为客户提供更优质的服务。

而一篇《做公关太苦？4A员工于上班时间纷纷抖起了肩膀……》的微信公众号文章，竟然收获了“10万+”的点击阅读。

为何一篇对内的公众号文章会引起这么大的反响?

“生日派对”议题设定

1月18日，春节前的两周里，大家一般是什么状态?

在“天时”的背景下，我们创作什么样的内容才能引起大家的共鸣和关注？什么样的内容能够触动大家内心最柔软的地方？什么样的内容可以体现员工关怀，让员工觉得自豪并且愿意分享给家人？

辛苦了一年，大部分人或多或少都有一些负面的情绪，会觉得这一年好像若有所失，很累很疲惫。而现在 4A 广告公司的整体大势也不乐观，这是天时。

从“地利”的层面来看，电通公关重生三年了，从 2016 年 1 月 18 日的“重生、联结”到今天的“PR+？”，秉承着“联结世界，成就你我”的理念，我们不断地稳固与升级 PR 业务，积累了丰富的经验，我们不断创新，成立了“PR+ Lab”战略研究所，为更好地发展业务做着产品的创新研发。

我们每年都在成长，形成了稳固的企业文化，也有相应的品牌底蕴的支撑。在这样的大背景下才有“生日派对”，我们希望通过“生日派对”创造更多分享和联结的机会（见图 f）。

人和，我们的核心沟通对象即第一圈层是员工。这篇微信稿我们希望员工过年回家时都愿意跟家人分享，告诉家人，“你看我们的公司是这样的，我过得很好，你们放心”。这是一个现实的目的。

第二圈层的沟通对象是启皓社区的邻居们和合作伙伴。启皓北京聚集了很多优秀企业，通过生日派对这样一个机会将这些优秀的人及企业联结到一起，展示电通公关的正面形象，引起大家的共鸣，可以结交更多的朋友，创造更多新的联结机会。

第三圈层是社会，我们想向行业和社会展现一个健康的状态，在这样一个高级办公写字楼，一家国际化的公司，可以真正地与所在的社区、伙伴和行业产生很深的联结（见图 g）。

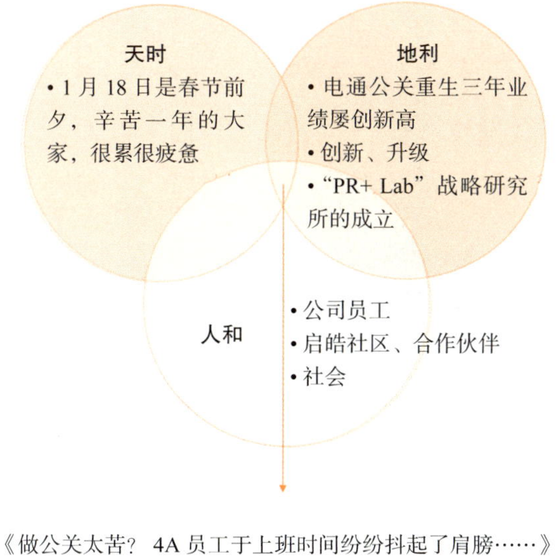

图f “1·18生日派对”议题策划

注：出自电通公关。

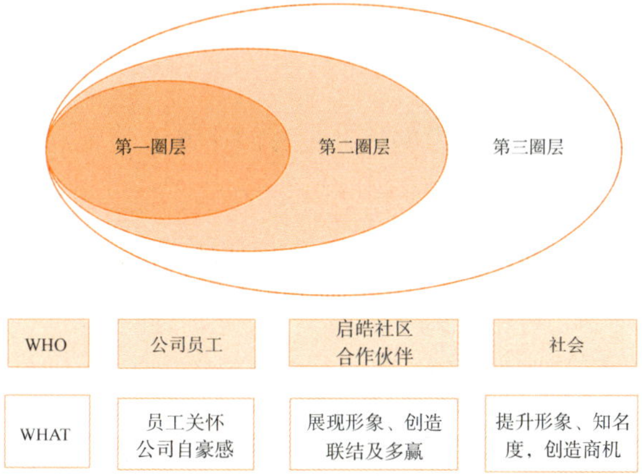

图g 沟通对象

注：出自电通公关。

在“天时”“地利”“人和”的大背景下，我们将“1·18 生日派对”做成了一场形式上融合当下流行热点——快闪和抖肩舞，内容上契合行业发展趋势——“PR+？”的大咖交流沙龙，采用更多互动的方式将人与人、公司与公司联结到了一起。

“1·18 生日派对”的目的是微信稿“10 万 +”吗?

有人会说：“公关就是用这些方法论制造有传播性的新闻吧？传播做得越好，业绩越好吧？”

答案当然是“No”。传播只是一种达成目标的手段。如果传播的内容与最终目的相背离，那传播做得再好也没有意义。

声誉管理是一个宏大、长期性的目标，这个目标又可分为 1 年、3 年、5 年等短中长期的小目标。每一个传播行为的背后都要离目标更进一步。

有人会问，电通公关做生日派对也是大目标下的一个重要步骤？

是的，我们一直思考如何在现有的业务上升级，为客户提供更优质的服务。我们通过公司“创 XIN 大本营”（见图 h）的业务推进，达到“创信、创心、创欣、创新”的目的。

创信是创立信任和联结，我们一直通过 3D 声誉管理来帮助客户与利益相关方沟通，建立相互的信任。

创心是营造良好的声誉，创建真诚，通过我们的演讲类核心产品 MYimpact 帮助大家找到更好的自己，帮助企业经营者建立更好、更合适的公众形象。

创欣是不断开拓国际化视野，为自己和客户不断创造惊喜。在“1·18 生日派对”上，我们宣布了“PR+ Lab”战略研究所的成立，站在国际视角，落地联结更多的国际资源，通过研发更好的国际产品和国际服务联结更多可能，创造更多期待。

创新，通过创造新的产品、新的思想、新的知识、新的服务、新的商业模式联结未来。

创 XIN 大本营

对象	创信	创心	创欣	创新
内部员工	公司自豪感	员工形象提升	国际视野、国际产品、国际资源、国际服务不断超越认知与期待	通过创新力及核心产品体验，创造更多联结及商业机会
社区＋合作伙伴	提升外部地位及影响力	代表集团及公关行业给予新的行业认知		
社会				

图 h　创 XIN 大本营

注：出自电通公关。

我们自身的声誉管理也是围绕着这四个方向在不断升级，每年的 1 月 18 日、6 月 18 日、11 月 18 日都会设置三次对外沟通、建立联结、制造多赢的机会。

2018 年的“1·18 生日派对”，我们对内加强了员工关怀，提升了员工自豪感，对外展示了电通公关不墨守成规、建立联结与多赢的开放态度和商业机会。

内容传播工具的综合运用

我们除了在议题策划时先从三个宏观维度入手之外，在考虑如何做一个有传播性话题时，也分别从媒体的视角和消费者的视角去进行头脑风暴，探索可能成为话题的内容。在这个过程中，PR IMPAKT 工具和十大情感诱因工具，都对议题设定是否能够铸就社会化议题发挥了重要作用。

“PR IMPAKT”视角下的“1·18 生日派对”

（1）Inverse，表示“悖论、对立结构”。悖论和对立结构让人印象深刻，因此媒体非常喜欢使用悖论。

这篇微信稿中有两个悖论。一是“公关狗”本身是很惨的一种状态，为什么还“抖肩膀”？二是圈外人一般认为 4A 广告公司的人光鲜亮丽，有什么苦的呢？

（2）Public，表示“社会性”“地域性”。社会性是指通过公众有共同认知的内容来介绍公司或商品等。

一线白领的生活、工作压力都很大，公关行业自称“公关狗”也是常态。

Inverse——悖论、对立结构	→公关狗都那么惨了，还抖肩膀？ 4A 那么光鲜艳丽，哪里惨了？ 惨还抖肩膀？
Most——最高级、首次、独自	→“公关狗”
Public——社会性、地域性	
Actor/Actress——演员	
Keyword——关键词、数字	
Trend——趋势、潮流、季节性	→流行行为：抖肩舞、快闪

图 i “1·18 生日派对”PR IMPAKT 视角分析

（3）Trend，意指“趋势、潮流、季节性”等。比如提及 7 月人们会想到暑假、减肥、中暑、防暑降温措施等；提到 12 月人们会想到圣诞节等。

2018 年 1 月 18 日，当时抖肩舞、快闪这类国际流行的嬉皮行为或者行为艺术正受到年轻人的追捧。

“十大情感诱因工具”视角下的“1·18 生日派对”

思考和验证具有传播性质的议题时，不仅要从“媒体视角”着手，还要着重注意“消费者是如何看待问题的”。

【Oh my god，难以置信】

标题可引发读者点击，内容与标题的完美呼应是引起转发和扩散的助推力。正如 Inverse 中描述的，悖论让读者想点开看看到底发生了什么。

【Funny，有趣 / 爆笑】

读者看到内容，公关公司给自己办生日派对，竟然拉着高级写字楼的邻居们玩快闪，跳抖肩舞，登门拜访发蛋糕，会觉得有意思。

【Cool，有型】

读者看完整篇微信文章的感受，的确很酷，越看越有意思，才有再次转发的扩散行为。

附录 4　电通公关 3D 声誉管理的媒体相关报道 1：给你一个不一样的“演讲”

——齐鹏，《数字商业时代》

2016.12.28

一项权威调查显示，全球最受欢迎的企业家中，中国企业家的数量远远落后于英国、美国等发达国家。其实，论实力，那些受欢迎的企业家不一定很强。那么，究竟是什么原因造成了这种现象呢?

“是演讲。”郑燕是电通公共关系顾问（北京）有限公司总经理，凭着多年传播行业的经验，她看到了这个问题的本质。在郑燕看来，通过演讲可以将企业家分成三类：一类是那种天生的演说家，擅长表达，但是这样的人也是百里挑一；一类是喜欢表达但是表达得没有重点；还有一类是完全不懂得怎么表达。

能像乔布斯、马云一样在台上进行精彩演讲的并不多，所以，大多数企业家都属于上述的后两类，而这也让郑燕萌生了培训“演讲”的念头。“中国的企业家缺乏演讲训练，导致了沟通缺失。”郑燕认为，应该对企业家进行演讲的系统训练，使其即使身处不同场景，面对不同听众，甚至应对临场突发状况等，都能有效沟通。

企业家要给自己“加分”

郑燕和培训“演讲”在八年前结缘。当时，郑燕的团队正在帮助客户在沈阳做一场发布会，她服务的客户是日本一家非常大的跨国公司。但是问题来了，该公司的创始人是一位 70 岁的老先生，关于老先生的演讲致辞成了当时最棘手的问题。虽然演讲稿经过了精心设计、反复修改，但是由于时间紧，这位在行业内呼风唤雨的传奇人物几乎没有进行任何排练与准备就要登台演讲。

就在这个紧迫关头，郑燕以给老先生介绍到场的媒体情况为由，为他提供了一些演讲方面的建议。因为郑燕觉得，这位世界级的优秀商业领袖，应该在中国媒体面前展现出一个更好的形象。作为一把手，公司内部没人敢反对他，也很少有人敢给他提意见，这让他在现场看起来很可怜。

郑燕建议他不用太担心有没有念对稿件，因为现场有同声传译，媒体都是通过翻译获取信息的。而他只要专注于展现自己原本就有的魅力与气势，给大家留下一个好的印象就行，比如穿着大衣上台，停顿的时候抬头看看摄像机镜头，媒体专访时与媒体像朋友一样地去交谈，等等。

郑燕的建议非常有效，这位老先生原本紧绷的情绪放松了很多，整场活动中表达更加自信，应对起媒体来也更加自然从容。那次经历之后，每次这位客户在遇到中国市场的问题时——不论是广告的创意，还是危机应对——都会向郑燕咨询建议。

这次发布会的经历让郑燕意识到了为企业领导人进行演讲培训的重要性。即便是无比优秀的企业领袖，他们在公开演讲方面也未必能做到完美，越是优秀的企业家内心越渴求成长，他们越需要专业人士为他们提供建议。

郑燕遇到过不同风格的企业家，比起上述不能讲的，还有一些是“特别能讲”的。有一次，郑燕遇到一位企业家，这是一位富有情怀的企业家，他能和郑燕聊两三个小时。但是，他请郑燕帮忙的目的正是怎么更好地控制时间。郑燕把与这位企业家的谈话录了音，谈话内容主要是该企业要做一个新品发布，他的一大堆语言都是在介绍新产品的功能、卖点。

郑燕把这段录音拿给自己的助理听，并问她是否记住了产品的卖点、功能。助理听完录音后，仍然很茫然。“你觉得如果讲的内容让人没印象的发布会有用吗？”郑燕把这件事告诉这位企业家，企业家恍然大悟，并尝试一遍遍地修改自己的演讲内容，还请来不同的人聆听，直到多数人认为记得住为止。

台子搭得再好，唱戏的主角没准备好，这戏能唱好吗？郑燕经常听到她的甲方客户对自己老板的抱怨——PPT 写得非常精彩，但是老板讲得一点都不精彩。而郑燕大多会把问题的症结归咎于写 PPT 的人。“你真的和你的老板交流了吗？你懂他的想法吗？”

重新诠释的 3V 法则

美国有个著名的梅拉宾法则[①]，马丁在梅拉宾法则的基础上做了大量的调研后，总结出一个可以应用在演讲培训上的方法论，即 3V 法则。这三个 V 分别指 Vocal（听觉）、Visual（视觉）、

---

① 梅拉宾法则是美国心理学家梅拉宾在 1971 年提出的，即一个人对他人的印象，约有 7% 取决于谈话的内容，辅助表达的方法如手势、语气等则占了 38%，肢体动作所占的比例则高达 55%。——编者注

Verbal（语言）。马丁在为普京、潘基文、布莱尔等人做演讲培训时都用到了 3V 法则。

“一个人在与别人沟通的时候，内容最重要？视觉效果最重要？还是声音最重要？很多人说视觉效果，也有人说内容。实际比例是视觉效果占 55%，声音效果占 38%，内容只占 7%。因此，一场让人印象深刻的演讲，其实并非我们想象中那样，取决于非常细节化的内容，而是演讲者的表达。”这是郑燕对法则的解释。

两年前，郑燕的团队开始和马丁合作，如今，已经正式推出了 MYimpact 演讲品牌。“MY”代表“我的”，另外还代表了马丁和郑燕的燕字首字母组合。

现在 MYimpact 团队针对中国企业家的具体需求，梳理了 3V 方法论和培训方法。譬如按 3V 来说，最重要的是视觉效果，视觉有什么？有站姿，有手势，有表情还有眼神控制。那么听觉效果是什么？其中一点就是呼吸。大家可能觉得呼吸是什么？停顿时演示的就是呼吸，停顿有时候是最能吸引注意力的一种方式。

在给某个客户培训的时候，郑燕通常为其提供至少三种以上的场景，比如，在一场新闻发布会上，演讲者该注意保持什么样的表情，站在什么位置，演讲的内容应该怎样，这些都会经过系统的培训，而且现场有模拟记者提问的环节，起初问题是设定好的，而之后都是随机的问题。如此往复练习，才能帮助演讲者应付自如。

再比如，在一对一采访的场景下，“我们会对环境提前进行了解，如果是在沙发上做专访，坐在什么位置，眼光应该落在何处，都有不同的效果”。

“通过培训，我们帮客户明确目的，找到能打动人的真实故事，并练习怎么讲故事。”郑燕认为，演讲培训正在成为一项核心的需求，而企业家的一举一动都代表着品牌的形象，而谁又愿意放弃成为“最受欢迎的企业家”呢？

附录 5　电通公关 3D 声誉管理的媒体相关报道 2：给老板们上课——左脑是温度，右脑是技术

——丁海骜，《数字商业时代》

2018.12

公关能做什么？郑燕说，这是她十年前在刚刚加入日本电通公关的第一天起，就开始思考的问题。

很多说起来理所当然的事情，却往往总是让人迷茫。就如同我们的工作，当它变成一个日积月累的习惯，很多时候，可能自己都忘记了这份工作最初的目的和价值。

将公关工作与企业咨询相关联，在很大程度上源自郑燕自身的工作背景。在机缘巧合进入公关行业之前，郑燕曾经在埃森哲担任过战略顾问，后来又加入电通集团东京总部，从事品牌管理、公关策划的工作。长期与各种不同企业的管理高层一同研讨企业战略的工作背景，一方面使郑燕对企业的高级管理者人群更为熟悉和了解；另一方面，也使得郑燕总是能够从全局的角度去发现

不一样的问题解决思路。

郑燕对公关工作做了很多打破常规的尝试：和马丁一起创立了商务领袖影响力演讲培训品牌——MYimpact；同时还创立了 3D 声誉管理模型，希望建立与社会的信任，创造信任的联结，并不断升级。

“越是优秀的领导，内心越是渴望成长。”郑燕曾经在第一本《演讲的本质》当中，讲了一个她刚入行时的故事：某年冬天，她作为公关人员，陪同一位日本跨国零售巨头的创始人，到中国东北为第一家海外分店揭幕。郑燕在其演讲和接受记者采访之前，为这位年逾七旬的老人提供了非常有价值的建议，最终让所有参与者见证了一位商业领袖应有的风采。这让郑燕开始注意到为企业高层管理者提供演讲培训的必要性，并开始在自己的客户中实践。这就是后来成为电通公关核心产品之一的 MYimpact。

经过大量的实战验证，郑燕希望能够寻找到一套更有体系的方法论，以便能够将自己的经验传递给更多的人。直到 2014 年，郑燕在东京认识了曾经担任俄罗斯总统普京、英国前首相卡梅伦演讲培训指导的英国人马丁·纽曼。马丁·纽曼的演讲技巧、训练方法，与传统的“演讲教程”完全不同，其更强调富有感染力的表现，不能靠表演，也不能靠模仿和单纯的演讲技巧。而所有富有感染力的演讲者，首先都是要做自己，在不断地练习中塑造更好的自己，做到收放自如。郑燕发现，这非常适合商务领袖练习和掌握，并且能够真正帮助这一人群在交流和演讲当中展现个人影响力。

于是，就有了电通公关的第一本书《演讲的本质》。

还有另外一件事成为影响郑燕职业生涯的节点：2015 年电通全资回购合资公司的中方股份，郑燕从负责业务的副总升为总经理，成为电通公关中国区第一任掌门人。

当时摆在电通公关面前的情况是：不仅公司结构的调整会影响到现有客户的续约，而且随着部分员工的调整，实际上留给郑燕的业务骨干也不是很多。郑燕需要做出一个决定：是采用传统打法，按照传统公关公司的做法，稳定现有的市场资源和业务？还是继续做从来没有人做过的事，推进 MYimpact，将自己的想法贯彻到底？

“当时我曾想过在公司名字中加入‘声誉管理’这四个字，最后坚持保留了‘顾问’这两个字。”最终郑燕选择了后者，“当时很多客户选择继续与我们合作，我就在反思这是为什么？我得到的答案是：这就是长期合作过程中建立的彼此信任。”这更加坚定了她继续推进 3D 声誉管理的决心。同时，由己及人，也让郑燕对“公关能做什么”这个问题，有了更明确的答案。

在竞争日益激烈的商场，企业最大的诉求，或许就是与各个利益相关者建立更加持久的信任关系——无论是消费者、媒体、员工还是供应商，甚至竞争对手。郑燕认为，公关工作最大的价值，在于从企业经营者的角度出发，明确利益相关者，然后经过梳理、排序，通过建立更有效的沟通渠道和方式，帮助企业去建立这种彼此的信任联结。“无论商业环境如何变化，无论媒体环境如何调整，无论消费者的需求如何苛刻……所有变化当中唯一不变的，就是彼此的信任关系。而且一旦信任关系建立，就会不断加分。”郑燕强调，传统理解当中，公关就是新闻发布会、官方声明、媒体采访…… 这其实只是为了达到最终目标所采取的方式，并不是公关工作的精髓，“我们需要考虑做新闻发布会是为什么？为什么要传达新的信息？企业的经营者和管理者，显然更需要有价值的建议，而且他们对经营目标也更加明确。所以我们工作的重点，应该是帮助他们去打造一个广泛的信任关系。”

这也成为郑燕打造 3D 声誉管理模型的起源，也是第二本关于声誉管理书籍策划的开始。

时间过去了四年，第二本书经过整个团队的努力，加上国际国内专家和顾问的贡献，已经完成，准备出版。而对于电通公关来说，其以 MYimpact 为“表”，以 3D 声誉管理为“里”的“新型公关”模式也逐渐走向成熟。

这种新型公关模式对用户企业非常有利：不仅企业的所有公关预算都更加有计划性，而且所有公关策划、执行也都更有目的性和全局观。企业不再以点击量等浅层数据为考量，更多是基于全局的业务考量，因此对现实业务的价值更可预期。同时，这种新型的公关模型也带来了电通公关不一样的市场业务模式。

“从 2015 年开始，我们就基本上不主动参与竞标，有时候被邀请竞标我也会婉拒。之所以这样做，一方面是因为人手非常有限，而且专业公关人才匮乏，需要花时间培养，另一方面是，在不了解客户需求的情况下提案，不仅难以符合客户的需求，而且我们自己也没信心做好，在这种情形下，我们宁可放弃。”郑燕说。事实是，电通公关与客户的第一次接触，要比竞标环节更早。确切地说，电通公关实际上更希望在竞标前，与目标客户高层建立一种“独特”且深刻的联系：凭借在 MYimpact 培训当中与企业高层管理者建立的深度信任，电通公关的 3D 声誉管理模型常常能够在客户企业当中得到从上而下的支持。因此，只有参与过 MYimpact 企业高层领导培训的企业，且企业经营理念和企业成长性等都符合一定的条件，才会成为电通公关的目标客户。

“这样做公关，我们的团队虽然辛苦，但是也很快乐，因为我们能够得到来自客户的尊重和信任。我们现在考虑的问题，都是能帮助客户做什么？在重大决策的时候，我们该提醒经营者需要做什么？”郑燕说，四年前策划第二本书时，是希望让客户知道电通公关新型公关的逻辑，但是四年以后，“我觉得更多的是让电通公关自己人更加地自豪和骄傲，让从业人员更有希望，让参与者有成就感，实现公关的价值。那么出这本书的目的就达到了，虽然这本书写得很辛苦。”

凭借 MYimpact 和 3D 声誉管理，电通公关不再是外界眼中的一个只能提供会议服务和媒体关系建设的“中介”机构。电通公关甚至开始投入技术的研发，将 AI 技术与舆情管理结合在一起，开发了一款名叫 dongme 的产品。“dongme 谐音‘懂 me（我）’,‘懂我’的意思。”郑燕说，通过这款应用软件，企业的管理者可以随时随地了解即时信息，不需要担心由于遇到突发危机情况而导致手忙脚乱，从而让有效的信息能影响最有决策力的人，使信息的收和放更即时有效，从而让企业管理者更安心现有业务。

事实上，从某种意义上说，电通公关的核心产品，尤其是3D声誉管理，本质上属于企业管理范畴。在更大范围内，它也是商业软环境的组成部分，因为建立信任的前提是诚信，而诚信，恰恰是构建一个稳定商业大环境的基础。这种环境的形成需要成为企业管理制度当中的一环，也需要从上而下的构建模式。从这个角度看，3D声誉管理的价值，也许不仅仅是在于改变了公关行业的竞争格局和方式，而在于能够在更大范围内，帮助日趋复杂的中国商业环境，找到自己真正的初心。

写在最后

采访中，笔者问：为什么电通公关能够得到这么多企业高层的信任？为什么你做的事，有这么多员工愿意追随？郑燕笑着说："可能是因为我不是那种特别聪明、特别有心计的人，我能做到的，就是真诚。对于企业高层管理者，我从长期的经营策略思考和倾听他们的真实需求；对于我的员工，我不愿意做的事也不会勉强团队去做。2015年之前，我对于所有客户和项目都是亲力亲为；2015年之后，我更多的是在幕后帮助团队，培养优秀的管理者更好地服务客户，争取高层的信任。长期的信任是需要时间来验证的，实际行动可以证明一切。"

为什么公关能创造信任的联结

公关的价值是什么？

11 年前我初到电通公关做中国业务，不少人问我公关是做什么的，我为什么要做公关。我曾在埃森哲做过咨询，又在电通做过品牌策略，很容易就能在外资甲方找个高管的职位，他们想知道为什么我要做很多从业人员都想脱离的乙方“公关狗”。

我上岗的第一天，正好是汶川地震发生的 2008 年 5 月 12 日。下午两点多突如其来的牙疼本就让我无法工作，突又接到许久不联络的原上司的电话：“你四川老家地震了。家里没事吧？”网上到处是汶川大地震的新闻，我给家人打电话打不通。晚上 9 点多我收到来电，家人都还好。机缘巧合，第二天我接到高层特命，需要到灾区调研全球企业公益赈灾援助情况，我也想回家看看，于是马上订机票，5月20日辗转到达重灾区之一，我出生的汉旺镇。记忆中依山傍水、热闹的镇子变成了废墟，四座大山变成了两座。在行进的汽车里，即使隔着三重口罩我依然能闻到重重的腐烂的味道。路过原来住过的工厂宿舍时，我请司机停下来拍照留念，一下车就听到熟悉的川音："燕子你咋个回来了，来吃碗泡面。"原来是小时候住我家隔壁的叔叔阿姨们，在路旁用砖支起的炉灶上架着一口大锅，里面煮着热气腾腾的方便面。

回到车上，我弱弱地问指挥部的同学："我是来做赈灾公益援助调研的，有什么我能帮忙的吗？"那时体会到的无力无奈我永生难忘，觉得自己连一碗方便面都不如。我能做什么，公关能做什么，进入公关行业11年来，这也是我在不断思考的。

2011年3月11日日本大地震，正值东京樱花开放的季节，我所在的国际部正在讨论吸引欧美、亚洲游客来日本观光体验的方案，突如其来的强烈震感让人感到前所未有的恐惧。我跟随引导者到楼下公园避难区，远处大屏幕播出的景象让开满樱花挤满人的公园一片寂静：房屋、车辆、树木被大海啸卷入激流，仿佛电影里的世界末日。我想起老家的汶川大地震，忍不住对旁边的日本同事说："这是我来日本15年亲身遭遇的最大一次地震。""这是我出生50年来最大的地震。"同事淡淡地回复我。

从地震当天晚上起，之后的1~2个月，危机顾问的前辈们一直轮岗，每天两次发布危机应对日报，提供给客户及相关机构灾后危机应对的建议。他们的沉着冷静、专业和高效获得很多客户的感谢，让我敬佩不已。福岛的一个游乐园本无辐射影响，但受谣言所累无人光顾，一千多名员工面临失业。我们提议游乐园里的夏威夷草裙舞演员走出去，激励灾民，并到东京等大城市进行赈灾巡回演出。受灾民众不去诉苦，博人同情，反而用欢快友爱的舞蹈来赋能社会，引起媒体纷纷报道，在日本社会收到巨大反响，第二年还得了国际 CSR 金奖。当时我已回国，看到获奖的消息后，通过邮件恭喜同事，负责人说："创意是你提的，功劳也有你的一份。"我的内心无比欣慰。

一个是灾难中及时提供信息、帮助决策的雪中送炭，一个是促成灾区舞蹈演员走出去赋能社会，过去 11 年我和同事经历了很多次帮助企业和个人的类似事情，建立或重新挽回了社会利益相关者的信任。被需要，才会产生价值。我理想中的公关的价值是创造信任，创造有温度的联结。

电通公关的价值是什么？

汶川地震改变了我对商业价值的思考，不被需要无价值可言。2011 年的日本大地震直接促成了我被派回国，改变了我的职业生涯。

从广告到公关，从发布会到高层专访，我经常接触企业高层。为了帮助他们表达得更好，11 年前我开始做高层演讲及媒体应对陪练，并一直寻找国内外顶级教练。2014 年我在东京认识了马丁·纽曼先生，经过两年的合作和摸索，我们共同创立了 MYimpact

品牌，并在国内出版了既有国际通用的方法论又有中国落地案例的《演讲的本质》一书。

2014 年冬天，即将成为电通公关掌门人的我面临两个选择。电通公关作为传播集团的唯一专业公关公司，一个选择是配合集团提升整合营销传播，另一个选择是帮助以日企为主的外企解决媒体关系问题的传统公关。而我提出了第三个选择，跳出传统公关和营销思维，做有经营思维的声誉管理。核心业务有两个方向：高层沟通、DAN 集团融合营销传播。电通公关既要做有经营者思维的声誉管理顾问，作为外脑帮助经营者在沟通领域进行决策，又要做强有力的公关执行团队，和集团各专业团队打组合拳，作为手脚，帮助客户解决营销沟通的问题。因为通过培训我了解到，有一定社会影响力的企业经营者，既重视生意，也重视声誉。3D 声誉管理产生于客户未被满足的需求，指引公关执行的思维体系贯穿其中，也会随着需求不断成长。

2016 年 1 月 18 日重生答谢沙龙上，公司公布了我们的愿景“联结世界，成就你我”。通过具有经营者视角的声誉管理，帮助品牌创建信任，建立和社会的温暖联结，我期待带领团队，在沟通领域做经营者的外脑和手脚，成为不可缺失的合作伙伴。

这本书难产了四年

历经 4 个行业，6 家公司，我的个人经历中没有哪个比在中国做公关对个人综合素质要求更高、更需要与时俱进的。我见过的好公关，无一不是被客户长期信任的。公关是个有社会使命感的职业，一次培训，一次发言稿，就有可能影响到上万人。为什么就变成了“公关狗”呢？而且竟然还有公司宣称提供“跪式服务”。

我在过去 23 年的职业生涯中，一直从事服务行业，我喜欢丽思卡尔顿酒店的标语我们以绅士淑女的态度为绅士淑女们忠诚服务（We are Ladies and Gentlemen serving Ladies and Gentlemen），它梦想打造和客户共同成就的平台。电通公关也是本着和客户互相成就的心态服务客户，对员工和合作伙伴，我们一样追求长期的互相成就和信赖。

五年前我就跟中信出版社讨论过要出版中国第一本声誉管理实战书，五年后的今天出版这本书更是出于使命。2018 年我被邀请参加“2018 中国传播年度人物”评选，本来一度回绝，一来我在公关行业只有 10 年，二来我们的探索还在路上，不想那么高调。但创始人的一句话打动了我：“2018 年经济形势不好，公关行业也很艰难，大家都在抱团取暖，为什么你不来分享正能量，激发行业前行呢？”

2018 年，世界和中国的政治、经济、媒体环境都面临着天翻地覆的变化，不确定性因素增加，大数据、AI 应用、区块链各种新词层出不穷。迅速了解社会大背景，变被动应对为主动的声誉管理，长期帮助客户创造温暖的“信任联结”，是否能成为春雨，滋润焦躁不安的人心？

2018 年 7 月，我有幸在北京电视台总裁读书会上和原第一财经集团 CEO 周健工对谈，他对总裁们的寄语是“在不确定的时代做出正确的决策”。中间聊到，在这个不断变化的时代，什么是不变的。我的回答是：“只要有人存在，人与人的关系就在。不管是企业还是个体，都需要信任的联结。”

有目标、科学地构建与社会的信任联结，是电通公关 3D 声誉管理的根基。让有诚信的企业品牌和个人得到尊敬，帮助他们与利益相关者进行有效对话，帮助中国企业家在国际上获得信任，这是电通公关在不断摸索的方向。这本书的故事都是真实的，但因为攻守并进是声誉管理的前提，出于对客户信息的保密，本书并未使用现有客户的案例。

洞察沟通对象，与时俱进，和同事与客户共同成长，是我们的愿景。我们在路上，期待志同道合的人，结伴同行。

感恩客户的信任。大多数客户与我们已经合作了3年、5年，甚至8年，没有你们就没有电通公关的今天。

感谢师友姜弘老师，从《电通鬼十则》《演讲的本质》到本书，都是在他的不断鼓励下诞生的。经姜老师推荐，我加入了中国广告专家协会，得以有机会和优秀的广告前辈们交流。姜老师的著作《广告人生》给了我很多启示，他谦逊而真诚，是我的人生楷模。也因为他，我结识了中信出版集团的沈家乐、宋冬雪、黄维益、赵翠等，六年来与中信出版社的三次合作都非常愉快，她们的专业和高效让我敬佩。

感谢北京大学新闻与传播学院副院长、广告学系主任、北京大学新媒体营销传播（CCM）研究中心主任陈刚教授。五年前我们曾探讨和北大共同调研，出一本有关中国声誉管理的书籍，他给了很多权威的建议。虽然本书内容与我们之前探讨的内容有所不同，但是陈刚老师的鼓励让我们更有信心。

感谢欣然阅稿并作序的中央财经大学新闻传播研究中心名誉主任，国务院发展研究中心国际技术经济研究所、世界发展研究所原秘书长、研究员郑砚农。2008年我参加被誉为“世界公关奥林匹克”的北京世界公关大会，结识了运筹帷幄的郑会长。虽然我们见面不多，但每次见面都令我受益匪浅。睿智正直的郑会长是我在中国公关界最尊敬的前辈，世界公关大会教会我对公关的正确认知，在那儿结识的全球公关前辈们是我一辈子的财富。

感谢师友上海市消费者权益保护委员会副秘书长、长宁区政协委员唐健盛老师。我入行公关后，经常向他讨教有关消费者及《广告法》等的问题。唐老师的《再造消费者关系》是我读过的有关中国消费者和危机管理最权威的专业书，它让我迅速了解了中国消费者和舆论危机的特点，为我从广告到公关转型提供了宝贵的理论和案例支持。

感谢参与执笔的国外专家。我常年受教于日本电通公关原上司加资深公关顾问菊地彰夫先生；在寻找国内外顶级演讲教练时，我遇到了帮助东京申奥成功的马丁·纽曼先生并开始了合作；又由马丁·纽曼先生介绍了英国企业公关界的权威专家克里斯参与写作，让本书具有国际视野。

感谢负责本书80%以上内容撰写及与国外专家沟通、翻译的同事们：刘艳冰、牟善杰、苏轶、王晨、王金玉、王倩、杨宁、杨洗尘、杨轩、周芳、张煜松以及电通公关顾问孔德海、集团管培生袁心怡（排名不分先后，以拼音为序）。没有你们的敢于挑战，并不断要求做得更好的执行力，这本书还在难产中。我常和同事们说：“我们不是在写稿，要摒弃借社会热点的思路，写本读者十年后还愿意读的书。”他们没有一个是专业撰稿人，业务繁忙的同时参与著书，统一步调共创十几万字的困难超出想象。

我在业余时间积累了 36 万字工作随笔，曾连续 10 个月每天早上 4 点起来写作日文博客 18 万字，无数周末和出差时在飞机、动车上和自己对话了 15 万字，为本书写的几万字不断被推翻，最后散落到书中各处。出书不是我们的本业，为什么要让本来就很忙的同事和自己这么辛苦？不止一次我们都考虑要放弃，是专家和同伴们的反馈让我们有了坚持下去的信心。

专家说："写作是对自己认知复盘并升华的过程，感谢这个难得的机会！""用 3D 声誉管理这个全新的维度去诠释以前自己做过的案例，又有了新的收获。"同事说："把业务部门做的成功案例体系化，自己的收获最大。""收集国内外声誉管理的理论和案例，对公关有了新的认知，很享受落笔变成文字的过程。""以前心浮气躁，天天想着无中生有，出人头地，现在认清现实啦。只有先成就周围的人，才能自我救赎。"原本为避免提及客户的案例，打算弱化的第二章，在中信出版集团的严格要求下，这一章 90% 的内容重新创作。我们重新调整了写作团队，安排人员专注写书，并得到原资深财经杂志主编及多年师友孔德海先生的大量协助，避免了本书的继续难产。

我很开心看到写作过程中共创者的眼睛在发光。把成功经验体系化，帮助同事更好地成长，这个目的已经达到。某种意义上，这本书是否问世，反而已经不那么重要了。每次周末查阅修改，我都会发现新问题，但期限总在眼前，有限的字里行间汇集着电通公关和专家们的集体智慧，对读者有益，是我们不断追求的目标。

感恩过去在酒店、咨询、广告、公关不同行业中的工作经历，我一直尝试着把美国企业的体系化、日本企业的现场主义、中国企业的敏捷创新等精华融入电通公关，希望帮助客户加强和社会的信任联结。

信任需要时间，人如此，企业更是。

感谢你，快时代，读一本需要时间思考的慢书。

参考文献

1. http://fangtan.china.com.cn/2018-05/15/content_51320548.htm.
2. http://www.gov.cn/zhuanti/201805lkqcf/index.htm.
3. http://www.webcg.net/articles/-/12311.
4. http://business.nikkeibp.co.jp/article/topics/20061107/113266/.
5. http://www.takarabehrj.co.jp/weekly/No668.pdf#search=%27CCC21+%E5%BC%A0%E5%AF%8C%E5%A3%AB%E5%A4%AB%27.
6. https://toyokeizai.net/articles/-/176.
7. http://finance.ifeng.com/roll/20100327/1974968.shtml.
8. http://www.openlab.co/forums/thread/1018702/1.
9. http://cache.yahoofs.jp/search/cache?c=Vef8dL6UGmQJ&p=%E3%83%88%E3%83%A8%E3%82%BF+%E6%88%A6%E7%95%A5%E5%89%AF%E7%A4%BE%E9%95%B7%E4%BC%9A&u=https%3A%2F%2Fwww.nikkei.com%2Farticle%2FDGXNASDD260MV_W4A220C1TJ0000%2F.
10. http://cache.yahoofs.jp/search/cache?c=lC5vDLBCGEEJ&p=%E3%83%88%E3%83%A8%E3%82%BF+CQO&u=https%3A%2F%2Fwww.bloomberg.co.jp%2Fnews%2Farticles%2F2010-10-14%2FLA93S30YHQ0X01.
11. https://panasonic.co.jp/ap/info/important/heating/ff_heating_e.pdf.
12. http://www.shippai.org/fkd/cf/CZ0200710.html.
13. https://www.panasonic.com/jp/corporate/sustainability/pdf/sdb2016-05j.pdf#search=%27%E6%9D%BE%E4%B8%8B+%E8%A3%BD%E5%93%81%E5%AE%89%E5

%85%A8%E8%A8%AD%E8%A8%88%E7%A0%94%E4%BF%AE%27.

14. http://mba.kobe-u.ac.jp/life/thesis/workingpaper/2008/WP2008-10.pdf#search=%27%E6%9D%BE%E4%B8%8B%E9%9B%BB%E5%99%A8+%E3%82%B9%E3%83%BC%E3%83%91%E3%83%BC%E6%AD%A3%E7%9B%B4%E3%82%AB%E3%83%B3%E3%83%91%E3%83%8B%E3%83%BC%E3%80%8D%27.
15. https://japan.cnet.com/article/20095737/.
16. https://www.vcg.com/editorial/1156089342?from=search&groupid=504614961&phrase=%E6%9D%9C%E5%85%B0%E7%89%B9%20MVP.
17. http://tech.sina.com.cn/it/2018–08–03/doc–ihhehtqh0672712.shtml.
18. http://www.asymco.com/2013/07/03/understanding–apples–organizational–structure/.
19. https://www.toyota.co.jp/jpn/company/history/75years/data/company_information/management_and_finances/management/organizational/organizational_changes13.html.
20. https://www.toyota.co.jp/jpn/company/history/75years/data/company_information/management_and_finances/management/organizational/organizational_changes15.html.
21. https://newsroom.toyota.co.jp/jp/detail/11234112.
22. https://www.toyota.co.jp/jpn/sustainability/report/archive/sr17/pdf/sdb17_130–132.pdf.
23. https://www.thepaper.cn/newsDetail_forward_1669715.
24. http://www.newhua.com/2014/0219/250278.shtml.
25. https://is–c.panasonic.co.jp/jp/company/organization/.
26. http://www.docin.com/p–1508700504.html.
27. http://news.tv–asahi.co.jp/news_economy/articles/000005090.html.
28. https://bizhint.jp/keyword/119931.
29. https://business.nikkeibp.co.jp/article/topics/20130301/244420/.
30. http://www.sohu.com/a/197084350_481520.
31. https://kaden.watch.impress.co.jp/docs/column/ohkawara/686492.html.

32. http://www.mofcom.gov.cn/article/i/dxfw/cj/201812/20181202819001.shtml.

33. https://www.toyota.co.jp/jpn/company/history/75years/text/leaping_forward_as_a_global_corporation/chapter5/section5/item2_a.html.

34. https://diamond.jp/articles/-/155777.

35. http://labaq.com/archives/51863131.html.

36. http://chosa.nifty.com/gourmet/chosa_report_A20160212/?theme=A20160212&theme=A20160212&theme=A20160212&theme=A20160212.

37. https://www.meiji.co.jp/chocohealthlife/news/research_final.html.

38. http://www.city.gamagori.lg.jp/unit/kikaku/chocolate-seminer26.html.

39. https://www.meiji.com/investor/library/databook/2015/pdf/databook.pdf#search=%27%E6%98%8E%E6%B2%BB%E3%83%81%E3%83%A7%E3%82%B3++databook+2015%27.

40. https://www.glico.com/assets/files/2017%E5%B9%B43%E6%9C%88%E6%9C%9F%E7%AC%AC2%E5%9B%9B%E5%8D%8A%E6%9C%9F%E6%B1%BA%E7%AE%97%E7%9F%AD%E4%BF%A1__1.pdf.

41. デジタル時代の基礎知識『PR 思考』人やメディアが「伝えたくなる」新しいルール.